GOLDMANN
ARKANA

*Buch*

Menschen glauben oft, sie wären die einzige intelligente Lebensform im Universum. In Wahrheit stellt die für uns sichtbare Welt nur einen winzigen Bruchteil der zahllosen existierenden Welten dar. Kontakte mit geistigen Wesen zeigen uns, dass wir niemals wirklich allein sind, dass es andere Dimensionen gibt, die uns jederzeit offen stehen, wenn wir den Wunsch verspüren, sie zu betreten. Ted Andrews lädt uns - manchmal mit Augenzwinkern und einem erfrischenden Schuss Ironie - ein zu einem grandiosen Abenteuer jenseits der Grenzen unseres Alltagsbewusstseins. Wenn wir unsere Sinne öffnen und Vorurteile beiseite lassen, erleben wir uns als geliebt, unterstützt und geführt: von unseren verstorbenen Ahnen, von Naturgeistern, Engeln, Geistführern und Paten aus der Feenwelt. Es gibt nichts zu befürchten – wir selbst bestimmen und kontrollieren die Art unseres Kontakts zur geistigen Welt. Andrews zeigt uns sehr anschaulich durch praktische »Gebrauchsanweisungen«, Grafiken und spirituelles Hintergrundwissen, wie wir unsere Sinne für das »Außersinnliche« schärfen können. Wir lernen, wie wir Schutzgeister anlocken und mit ihnen kommunizieren können und erfahren, welche Vorsichtsmaßnahmen dabei zu beachten sind.

*Autor*

Ted Andrews ist Heiler, Lehrer und Musiker. Er hat sich intensiv mit allen bekannten Methoden spiritueller Heilkunst auseinander gesetzt. In seinen Büchern verbindet er diese Themen zu einem sinnvollen Ganzen.

*Von Ted Andrews ist bei Goldmann außerdem erschienen:*
Kleines Lehrbuch für Heiler (21737)

Ted Andrews

# Geistführer

Hilfe durch Kontakte mit Schutzengeln und Krafttieren

Aus dem Englischen
von Burkhard Hickisch

GOLDMANN
ARKANA

Die amerikanische Originalausgabe
erschien 1992 unter dem Titel
»How to Meet & Work With Spirit Guides«
bei Llewellyn Publications, Woodbury, MN, USA.
www.llewellyn.com

FSC
Mix
Produktgruppe aus vorbildlich
bewirtschafteten Wäldern und
anderen kontrollierten Herkünften

Zert.-Nr. SGS-COC-1940
www.fsc.org
© 1996 Forest Stewardship Council

Verlagsgruppe Random House GmbH FSC-DEU-0100
Das für dieses Buch verwendete FSC-zertifizierte Papier
*München Super* liefert Mochenwangen.

2. Auflage

Deutsche Erstausgabe November 2006

Umschlaggestaltung: Design Team München
Umschlagfotos: corbis und Masterfile
Redaktion: Ralf Lay
WL • Herstellung: CZ
Satz: Greiner & Reichel, Köln
Druck: GGP Media GmbH, Pößneck
Printed in Germany
ISBN 978-3-442-21773-1

www.arkana-verlag.de

*Meiner Mutter –*
*deren liebevolles Wesen alle berührt.*

# Inhalt

# Vorwort: Mit Engeln und Naturgeistern kommunizieren

Überall dort, wo Menschen sind, gibt es auch Geistwesen. Viele von uns haben Angst davor, mit ihnen in Berührung zu kommen oder sich auch nur vorzustellen, dass es die Möglichkeit des Kontakts mit einem unsichtbaren Lebensbereich gibt. Vielleicht rührt diese Einstellung daher, dass wir schon genug Schwierigkeiten mit der sichtbaren Welt haben und uns nicht noch mehr Probleme aus der jenseitigen aufhalsen wollen ...

Doch in einer Zeit, in der übersinnliche Erfahrungen immer mehr zunehmen und unser Wissen über diese Welt beständig größer wird, ist es wichtig, dass wir unsere Wahrnehmung der geistigen Sphären erweitern und die Rolle anerkennen, die sie in unserem physischen Leben spielen. Wir können vom Kontakt mit ihnen profitieren und tun dies auch oft, ohne dass es uns bewusst wäre. Der Einfluss von Geistwesen auf unser Leben zeigt sich in vielen Bereichen. Sie inspirieren Kreativität, öffnen uns für Fülle und Überfluss, fördern Einsicht und Erkenntnis, beschützen uns und dienen uns als Begleiter.

Wenn es dein Wunsch ist, mit Engeln und Naturgeistern

zu kommunizieren, dein Tiertotem zu entdecken oder einfach nur Kontakt mit geliebten Menschen herzustellen, die das physische Leben hinter sich gelassen haben – dann ist dieses Buch genau das richtige für dich! Es befasst sich mit den Tatsachen und Mythen der geistigen Welt. Ich biete einfache und sichere Methoden an, wie du mit den Wesen, die wir unsere »Geistführer« nennen, Kontakt aufnehmen und zusammenarbeiten kannst. Ich werde dir zeigen, wie du sie erkennst und deine Angst vor ihnen verlierst. Ich helfe dir, deine Wahrnehmung zu erweitern, und beschreibe, wie du Probleme vermeiden kannst, wenn du dich für diesen unsichtbaren Lebensbereich öffnest.

# Kapitel 1: Die geistige Welt verstehen

Die Griechen der Antike sprachen über Orakel mit Geistwesen und Göttern. Die schamanistischen Gesellschaften in Ägypten, Afrika, Bali und anderen Ländern hatten jeweils ganz bestimmte Methoden, um die Kommunikation zwischen Menschen und Naturgeistern zu gewährleisten. In der Glaubensgemeinschaft der Shaker im frühen 19. Jahrhundert gab es Rituale, in denen die Mädchen wild tanzten, sich schüttelten, im Kreise drehten und »in Zungen redeten«. Sie behaupteten, in Verbindung mit Engeln und anderen Geistwesen zu stehen. In der Viktorianischen Zeit stellten hellsichtige Medien den Kontakt zum unsichtbaren Bereich her. Heutzutage nehmen so genannte Channel für sich in Anspruch, mit Engeln, Außerirdischen, Elfen, Delphinen, dem Höheren Selbst und dem universellen Bewusstsein in Verbindung zu stehen.

Jede größere Religion geht davon aus, dass es geistige Wesen gibt, welche denen helfen, die in einem physischen Körper leben. Ob es sich um Engel, Heilige, Ahnen, Naturgeister oder Dämonen handelt – mystische Erfahrungen im spirituellen Bereich sind ein universelles Phänomen.

Durch die moderne Unterhaltungsindustrie sind teilweise falsche Vorstellungen über diese andere Dimension des Lebens entstanden. Zahlreiche Menschen glauben, dass ein Kontakt mit den feinstofflichen Bereichen nur durch komplizierte magische und mystische Prozesse zustande kommen kann. Viele lehnen den Kontakt zu Geistwesen sogar grundsätzlich ab, da er den Naturgesetzen zuwiderliefe und nur durch lange Vorbereitung und unter großen Gefahren möglich sei. All diese Vorstellungen haben mit der Wirklichkeit jedoch nichts zu tun.

In Wahrheit ist der Kontakt zu Geistführern in den verschiedensten Formen ein großartiges Unterfangen, denn wir eröffnen uns dadurch einen Bereich mit ungeahnten Möglichkeiten. Grundlegende Ängste wie vor der Geburt oder dem Tod können überwunden werden, wenn wir den Kontakt mit Verstorbenen aufnehmen, die vor und mit uns gelebt haben. Wir erfahren, dass wir jenseits des Körperlichen mit geliebten Menschen in Verbindung stehen, lernen, unsere Trauer loszulassen – und sehen im Tod nur eine Transformation.

Durch den Kontakt mit Geistwesen erfahren wir, dass wir in Wirklichkeit niemals allein sind, weil uns andere Dimensionen des Lebens jederzeit offen stehen. Mithilfe solcher geistigen Vermittler spüren wir den konkreten Einfluss des Göttlichen auf unser Leben, wodurch Religion nicht länger von blindem Glauben abhängt, sondern zu einer unmittelbaren Erfahrung wird. Kreative Imagination und Intuition erwachen, und unser Leben ist täglich erfüllt von Segnungen und Wundern. Wir erhalten liebende Unterstützung in unseren weltlichen Aufgaben und Pflichten und können sie mit größerer Kraft in die Tat umsetzen.

**Anrufung der Geister der Toten**[1]

Ich lege euch dieses Amulett zu Füßen – unterirdische Götter, Kore Persephone, Ereschigal und Adonis, Hermes, Unterirdische, Thoth und starker Anubis, Wächter derer, die im Hades sind, Götter und Dämonen der Unterwelt, vorzeitig Jahr für Jahr, Monat für Monat, Tag für Tag, Stunde für Stunde Abberufene, Männer, Frauen, Jungen und Mädchen – und beschwöre euch, ihr versammelten Schicksalsdämonen. Erwacht auf meinen Befehl, wo auch immer ihr seid, ob Mann oder Frau. Begebt euch ... hierher und schlagt sie in euren Bann.

Uns wird klar, dass wir niemals allein und nur auf uns selbst gestellt sind. Im angemessenen Kontakt zu Geistwesen werden wir:

- wieder genährt durch geliebte Menschen aus unserer Vergangenheit,
- ermutigt durch den Schutz der Engel,
- erfreut durch die Wunder der Feen- und Elfenreiche;

[1] Harry E. Wedeck: *Treasury of Witchcraft*, New York 1961. Das Ritual (Quelle: griechische Papyrusbriefe) wurde begleitet durch einen Bildzauber auf dem Grab der Person.

- wir werden die Lehre der alten Meister kennen lernen, die für uns lebendig werden,
- erstaunt sein über die spirituelle Kraft der Tierwelt und über die Heilung, die Tiere in unser Leben bringen,
- uns an der Vielfalt des Lebens erfreuen,
- beschwingt sein von dem unermesslichen Wissen, das sich uns offenbart,
- inspiriert sein durch die geistigen Musen der Kreativität und
- in all unseren Aktivitäten geführt werden.

Dank dieser Möglichkeiten können wir das sein, was wir wirklich sind – auf jede erdenkliche Weise.

Wir werden uns eingehend mit der Realität und den Mythen der geistigen Welt befassen. Wir werden sichere und einfache Wege finden, um den wundersamen Wesen zu begegnen, die in unserem feinstofflichen Umfeld leben. Ich zeige dir, wie du deine ersten Schritte in den Bereich jenseits des Physischen machen kannst. Und indem wir dies tun, werden wir neue Erfahrungen sammeln, Ängste überwinden und Kraft und Zuversicht in dein Leben bringen.

Menschen haben die Tendenz zur Selbstgefälligkeit. Wir lieben die Vorstellung, wir seien die höchste und einzige Form intelligenten Lebens. In einem Universum, das so riesig ist wie das unsrige, ist eine solche Einstellung ziemlich arrogant. So wie wir immer noch nicht alle Kräfte und Wirkungszusammenhänge in der Welt verstehen, gibt es auch

Dimensionen und Wesen, die wir nicht begreifen oder uns überhaupt vorstellen können.

Weil wir so wenig über sie wissen, zögern wir oft, die Möglichkeit ihrer Präsenz zu erkunden oder uns auf sie einzulassen. Wenn wir über korrekte Informationen verfügen und mit Offenheit an die Sache herangehen, werden wir sehen, dass die physische Welt nur ein kleiner Bruchteil aller existierenden Welten ist.

Es gibt Menschen, die haben Angst vor jedem Kontakt mit einem Wesen außerhalb der physischen Wirklichkeit. Nicht selten fürchten diejenigen, die diesen Kontakt vehement ablehnen, auch die Gesellschaft von anderen Menschen außerhalb ihrer Rasse, ihres Geschlechts, ihrer Religion usw. Aber genau so, wie wir über unsere physischen Beziehungen bestimmen, können wir auch unsere geistigen Kontakte auswählen.

Natürlich gibt es so genannte negative und unwissende Energien im spirituellen Bereich. Aber so etwas kennen wir ja gut genug von der physischen Ebene. Wir bleiben nicht deshalb zu Hause, weil wir gehört haben, dass es da draußen in der Welt üble Gestalten gibt ... Dies sollte uns jedenfalls nicht davon abhalten, die Beziehungen herzustellen, von denen wir profitieren können. Wir entscheiden, wen wir in unser Leben lassen – sowohl auf der materiellen als auch auf der spirituellen Ebene. Wir allein haben die Kontrolle.

Zu dieser Kontrolle gehört es, die Geistwesen voneinander unterscheiden zu können. Lass also die notwendige

Vernunft auch in diesem Bereich walten. Wenn du mit Verstorbenen in Kontakt trittst, solltest du dir darüber im Klaren sein, dass Menschen durch den Tod nicht plötzlich weise und spirituell sind. Wenn jemand im Leben unwissend war, ist es sehr wahrscheinlich, dass er oder sie dies auch nach seinem Ableben ist.

Immer wenn wir etwas Neues studieren oder einen neuen Bereich erforschen, ist ein gesundes Urteilsvermögen unerlässlich. Dies trifft besonders dann zu, wenn es sich um ein Thema handelt, das einem nicht vertraut ist und bei dem ein wissenschaftlicher Nachweis nicht immer zu erbringen ist. Beherzige in diesem Zusammenhang die Worte, die Gautama Buddha vor 2600 Jahren gesprochen hat: »Glaub nicht an das, was du gehört hast; glaub nicht an Traditionen, nur weil sie seit vielen Generationen überliefert sind; glaub nichts, nur weil es viele glauben und aussprechen; glaub nicht etwas, nur weil es ein alter Weiser geschrieben haben soll; glaub keinen Vermutungen; halt nicht etwas für die Wahrheit, nur weil du es gewohnheitsmäßig tust; glaub nicht einfach nur an die Autorität deiner Lehrer und Vorgesetzten. Wenn du etwas beobachtet und analysiert hast und es der Vernunft nicht widerspricht und zum Nutzen von allen Beteiligten ist, solltest du es akzeptieren und danach leben.«[2]

[2] Zitiert nach Friedrich Max Müller: *Three Lectures on the Vedanta Philosophy*, London 1984.

Mach dir immer klar, dass nichts im geistigen Bereich dich negativ beeinflussen kann, solange du dein Leben fest im Griff hast. Du solltest deine Beziehung zur geistigen Welt immer als Bereicherung, aber niemals als Ersatz für dein Leben sehen.

Geistwesen liegt oft genauso an einer Beziehung mit uns, wie wir an einem Kontakt mit ihnen interessiert sind. Eine solche Verbindung kann viele Funktionen haben und Formen annehmen. Die Wesenheiten unterstützen uns in jeder Phase unseres Lebens, auch wenn wir oft gar nichts davon mitbekommen. Je mehr uns ihre Unterstützung jedoch bewusst wird und je mehr wir mit ihnen zusammenarbeiten, desto gezielter können sie uns helfen. Ebenso wie im Alltagsleben gibt es auch in den spirituellen Bereichen bestimmte Gesetzmäßigkeiten. Unsere Geistführer sind diesen Gesetzen unterworfen. Ohne dass wir sie bewusst wahrnehmen, können sie uns nur in einem gewissen Rahmen behilflich sein. Um über ihn hinauszugehen, müssen wir gezielt daran arbeiten, unsere Energien anzuheben und ihnen unsere Herzen zu öffnen.

## Das Wesen des Menschen und die geistige Welt

Es gibt unzählige Beschreibungen davon, wie die geistige Welt beschaffen ist. Mystiker, Hellsichtige und Menschen mit Nahtoderlebnissen oder der Erfahrung, außerhalb ihres Körpers gewesen zu sein, haben auf unterschiedliche Weise davon berichtet. Sehr wahrscheinlich hat jeder von uns seine eigene einzigartige Wahrnehmung von diesem Bereich.

Normalerweise wird denjenigen, die mit der feinstofflichen Dimension des Lebens in Berührung kommen, eine von drei möglichen Erklärungen gegeben. Die erste ist herablassend und geringschätzend, denn das Phänomen oder die Erfahrung wird als Halluzination, Schwindel, Irrtum oder Einbildung abgetan. Die zweite Erklärung ist wissenschaftlich-rational. Sie besteht meistens in dem Versuch, alle Aspekte der Erfahrung zu entmystifizieren. Im Fall eines Nahtoderlebnisses wird das Geschehen zum Beispiel einfach als ein Resultat von Hypoxie (Sauerstoffmangel [auch im Gehirn]) dargestellt.

Die dritte Art von Erklärung ist die okkulte Sichtweise. Hier werden bestimmte Gedankengebäude errichtet, die das merkwürdige Ereignis verständlich machen sollen. Diese Erklärungsversuche sind in der Regel sowohl philosophischer als auch theologischer Natur. In der Vergangenheit waren sie gleichzeitig einfach und durchdacht. Obwohl viele diese Erklärungen für pseudowissenschaftlich halten, liefern sie doch oft eine vernünftige philosophische Begründung für etwas, was sich unserer unmittelbaren alltäglichen Erfahrung entzieht.

Die Darstellungen der geistigen Welt, die am weitesten akzeptiert werden, stammen aus der östlichen Philosophie oder der von ihr beeinflussten Theosophie. Gemäß dieser Lehre gibt es sieben Ebenen der Existenz. Jede von ihnen hat ihre eigenen Energien und Lebensformen. Verschiedene Arten von Wesen operieren auf jenen unterschiedlichen Ebenen. Wir haben Zugang zu jenen höheren Wesenheiten. Die in diesem Buch dargestellten Techniken sollen dir dabei helfen, dich auf sie »einzutunen« und so mit ihnen Kontakt aufzunehmen.

Um begreifen zu können, wie die Kommunikation mit dem spirituellen Bereich funktioniert, müssen wir die feinstoffliche Konstruktion des Menschen verstehen, die dieser Theorie zugrunde liegt.

Wenn wir bereit sind, in einem Körper geboren zu werden, bildet unser spiritueller Kern subtile Energiebänder um sich selbst. Diese feinstofflichen Körper beeinflussen die Entwicklung des Fötus während der gesamten Schwangerschaft und ermöglichen es unserem spirituellen Kern, sich auf harmonische Weise mit dem Fötus zu verbinden. Sie dienen als eine Brücke, mit deren Hilfe wir unser Bewusstsein vom Physischen in feinstofflichere und spirituellere Bereiche des Lebens ausdehnen können. Auf diese Weise bleiben die subtilen Sphären während unserer gesamten körperlichen Existenz ein integraler Bestandteil unseres Selbst. Wir müssen lediglich lernen, unser Bewusstsein auf ausgeglichene und sichere Weise in diese Bereiche auszudehnen.

Die feinstofflichen Körper umfassen einen Teil unserer

## Die Reiche des Göttlichen

Die sieben Ebenen der Existenz und die großen Lichtwesen, die von ihnen aus wirken. (Es gibt verschiedene okkulte Darstellungen dieser Reiche.)

| **Ebene der Existenz** | **Feinstoffliche Wesen, die durch diese Ebene arbeiten** |
|---|---|
| Göttliche Ebene | Gott/Göttin, Logos |
| Monadische Ebene | Die großen planetarischen Engel |
| Atmische Ebene | Devische Engelfürsten, Meister |
| Buddhi-Ebene/ intuitive Ebene | Avatare, Adepten |
| Mentale Ebene | Erzengel |
| Astrale Ebene | Große Devas, Engel |
| Ätherische/ physische Ebene | Naturgeister und Elementarwesen |

Die sieben Ebenen sind jedoch nicht nur auf die oben aufgeführten Wesenheiten beschränkt. In diesem Buch werden diese und noch andere Wesen der geistigen Welt näher beschrieben (weitere Informationen über die sieben Ebenen der Existenz findet man in der einschlägigen theosophischen Literatur).

Aura. Die menschliche Aura ist ein Energiefeld, das den physischen Körper nach allen Seiten hin umgibt. Sie ist dreidimensional. Der physische Körper wird von einer Vielzahl unterschiedlicher Energiefelder durchdrungen und umgeben. Zahlreiche Energiefelder gehen auch vom physischen Körper aus und beeinflussen ihn. Wenn wir lernen, die feinstofflichen Energien zu harmonisieren und uns auf sie einzustimmen, öffnen wir uns den Wesenheiten, die uns umgeben. Je stärker unsere Aura ist und je höher sie schwingt, desto leichter können wir die feinstofflichen Einflüsse auf unser Leben spüren und wahrnehmen – einschließlich unserer Geistführer. Je schwächer und unausgewogener unser Energiefeld ist, desto höher ist die Wahrscheinlichkeit, dass wir negative Einflüsse aus dem geistigen Bereich anziehen.

## Verschiedene Arten von Geistführern

Es gibt so viele Arten von Geistführern, wie es verschiedene Menschen gibt. Wenn wir anfangen, feinstofflichere Dimensionen wahrzunehmen, können wir auf menschliche, aber auch auf nichtmenschliche Geistwesen treffen.

Die nichtmenschlichen Geistwesen umfassen jene Lebenslinien, die sich Seite an Seite mit der Menschheit entwickeln, aber nicht Bestandteil ihres Lebensstroms sind. Zu

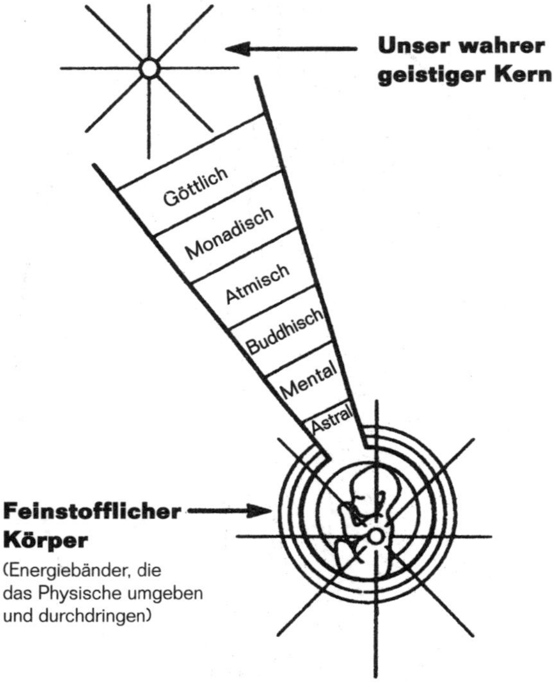


## Der Inkarnationsprozess

Unser wahrer Kern verlangsamt seine Schwingungsenergie Stufe um Stufe, sodass er sich mit einem physischen Körper verbinden kann, ohne ihn zu verbrennen. Diese Stufen sind die feinstofflichen Körper – Energiebänder, die der Kern um sich legt, um sich immer mehr mit dem sich entwickelnden körperlichen Gefährt zu verbinden. Das Bewusstsein verknüpft sich mit dem Physischen ab der Empfängnis. Diese Verbindung wird im Verlauf der Schwangerschaft dann immer stärker.

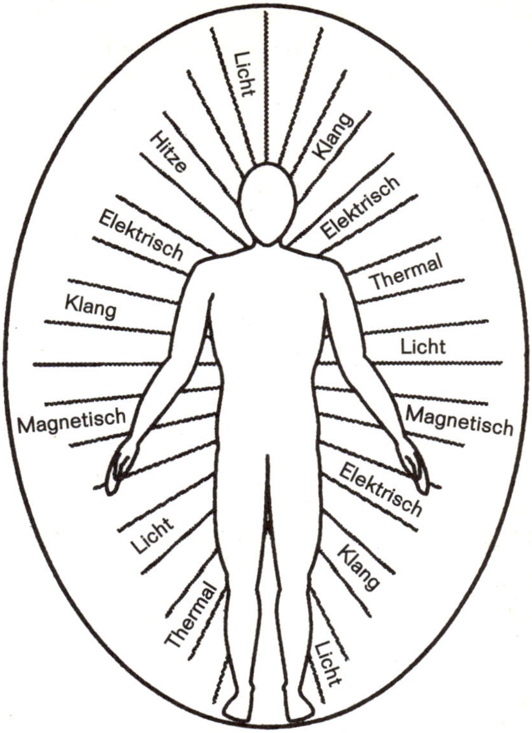


**Energieausstrahlungen des physischen Körpers**

Es gibt mehrere Energiefelder, die den physischen Körper umgeben und von ihm ausstrahlen. Zu ihnen gehören Licht, Elektrizität, Hitze, Wärme, Klang, Magnetismus und Elektromagnetismus. All diese Ausstrahlungen sind wissenschaftlich nachweisbar und machen deutlich, dass der menschliche Körper ein Energiesystem ist.

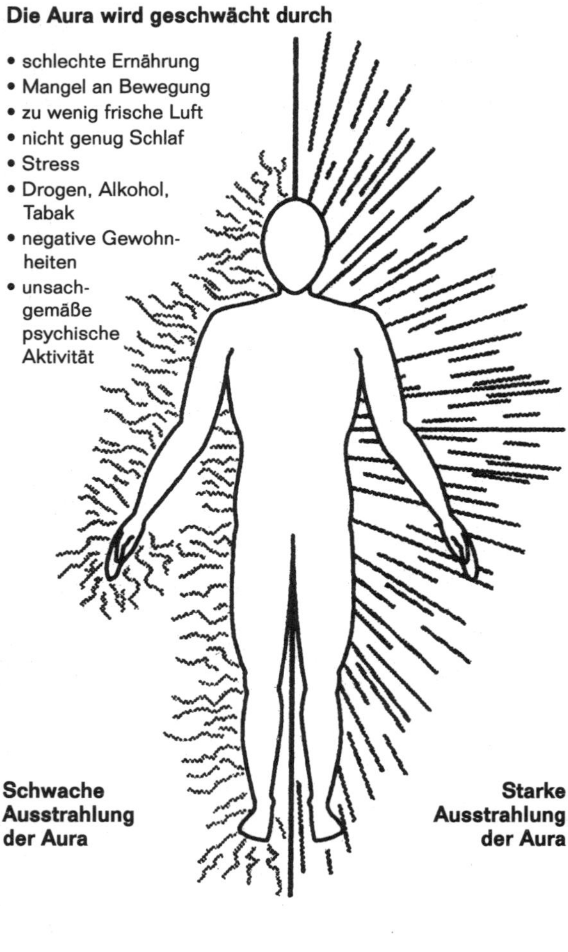


Je stärker deine Aura ist und je höher sie schwingt, desto gesünder bist du, und desto unwahrscheinlicher ist es, dass du negativ von äußeren Kräften beeinflusst wirst.

ihnen gehören beispielsweise Engel, Devas,[3] Naturgeister und Kraft- bzw. Totemtiere. Wir werden uns diese unterschiedlichen Geistwesen später noch genauer anschauen, da sie einen sehr realen und subtilen Einfluss auf die gesamte Menschheit ausüben.

Die menschlichen Geistführer können lebendig oder tot sein. Zu den lebenden gehören »normale« Menschen, die sich zeitweise außerhalb ihres Körpers befinden. Dies geschieht oftmals in der Nacht während des Schlafs. Es kann auch Begegnungen mit Individuen geben, die ihren Körper bewusst verlassen und ihre Energie und Wahrnehmung auf die feinstofflicheren Bereiche konzentrieren können (zum Beispiel durch astrale Projektion). Zu ihnen gehören Menschen, die »das Körperliche gemeistert« haben, sowie solche, die sich psychisch und spirituell weiterentwickeln. Die meisten Wesen dieser Kategorie existieren weiterhin im Bereich des Physischen. Begegnungen mit ihnen sind oft schwerer erkennbar als der Kontakt mit nichtinkarnierten, wirklichen Geistführern.

Zur »toten« menschlichen Kategorie gehören Familienangehörige, Freunde usw., auf die wir nach deren Ableben treffen. Von ihnen wird in Kapitel 9 die Rede sein. Sie um-

[3] Engel und Devas stehen oft miteinander in Verbindung und werden als Teil derselben evolutionären Energie betrachtet. In beiden Fällen handelt es sich um strahlende Wesen. Der einzige Unterschied besteht vielleicht darin, dass Devas mehr durch die Naturkräfte wirken.

fasst ebenso die Seelen, die sich auf die Wiedergeburt vorbereiten und auf sie warten. Hierhin gehört auch der Kontakt mit so genannten Schatten oder Hüllen, also mit der ätherischen oder astralen Energie, die von Verstorbenen hinterlassen wird, während sie ihre körperliche Existenz ablegen (zum Beispiel Erfahrungen mit Gespenstern auf dem Friedhof). Ebenfalls hierhin gehören diejenigen, die schon einmal auf der Erde gelebt haben, aber jetzt von der geistigen Welt aus arbeiten, um weiter zu wachsen. Oftmals dienen sie uns als Führer, Lehrer oder Heiler. Die überwiegende Mehrheit unserer Geistführer stammt aus dieser Gruppe. Sie haben die unterschiedlichsten Aufgaben. Zu den am meisten verbreiteten gehören die folgenden:

- *Meister-Lehrer:* Meister-Lehrer sind in der Regel erleuchtete Wesen. Sie waren Meister auf der Erde und arbeiten daher auch aus der geistigen Welt als solche. Beispiele sind Abraham, El Morya, Kuthumi, Kwan Yin, White Eagle usw. Gewöhnlich haben wir nur einen Meister-Lehrer, aber in bestimmten Zeiten können sich auch mehrere um uns kümmern, abhängig davon, was unser Zweck in diesem Leben ist. Meister-Lehrer begleiten das Wachstum und die spirituelle Entwicklung von einer großen Anzahl von Menschen. Sie beschränken sich nicht auf einen Einzelnen.
- *Physische Heiler:* Wir haben einen Geistführer, der sich speziell um unsere Gesundheit und unser Wohlergehen

kümmert. Jedem Menschen, der in irgendeiner Form mit Heilen zu tun hat, steht ein physischer Heiler zur Seite. Meistens handelt es sich um jemanden, der schon mit Heilen zu tun hatte, als er noch auf der Erde lebte.

- *Lehrer:* Dieser Geistführer unterstützt uns in unseren Studien und unserem spirituellen Wachstum. Er hilft uns, die Philosophie zu verstehen, und begleitet uns bei den Lernprozessen in den unterschiedlichsten Lebensbereichen.
- *Chemiker:* In der spirituellen Tradition ist der Chemiker ein Geistführer, der mit der Chemie unseres Körpers arbeitet. Er hilft uns dabei, die chemischen Abläufe in unserem Körper so zu verändern und umzuwandeln, dass wir leichter mit der geistigen Welt Kontakt aufnehmen können und die damit verbundenen höheren und intensiveren Schwingungen besser bewältigen.
- *Beschützer:* Diese Geistführer nehmen oft die Gestalt von großen Wesen mit starkem Charakter und Auftreten an. Viele Beschützer sind daher ihrer äußeren Erscheinung nach Indianer oder Wikinger. Wie wir in Kapitel 5 sehen werden, können sie auch die Form von starken Tieren annehmen, zum Beispiel Panthern, Elefanten oder sogar Drachen. An diese Geistwesen dürfen wir uns wenden, wenn wir mehr Kraft und Energie brauchen.
- *Überbringer von Botschaften:* Sie unterstützen uns darin, unsere intuitiven Wahrnehmungen zu verstärken. Menschen, die in der Lage sind, ihre Geistführer zu hören,

übermitteln auch Botschaften dieser Führer an andere. Sie helfen dabei, die richtige Information zu finden.

- *Türsteher und Torwächter:* In gewisser Hinsicht ähneln diese Geistführer den Beschützern. Sie halten negative Wesen fern, wenn jemand die Türen und Tore zum inneren Bereich öffnet. Sie bewachen die Durchgänge, sodass nur die Geistwesen Einlass finden, die dem Einzelnen und seiner Situation dienen. Bei Menschen in hellsichtiger Trance beschützen sie den physischen Körper, solange das Bewusstsein außer Kraft gesetzt ist. Sie erlauben es nur wohlgesinnten Wesenheiten, das physische Gefährt während einer Trancesitzung zu gebrauchen.

Natürlich gibt es noch viele andere Arten von Geistführern: solche etwa, die sich stets darum kümmern, dass Licht und Freude in unserem Leben sind. Immer wenn gelacht wird, sind auch sie nicht fern. Darüber hinaus gibt es Geistwesen, die sich ausschließlich mit unserer Heilung beschäftigen oder die uns das ganze Leben lang begleiten. Andere Geistführer arbeiten mit uns nur für spezielle Zwecke. Manchmal haben wir einen bestimmten Führer nur für einen Tag oder dafür, eine einzige Eigenschaft zu entwickeln.

Wir verfügen außerdem über etwas, was sich ein »inneres Band« und ein »äußeres Band« von Geistführern nennt. Zum Ersteren gehören die Wesenheiten, die auf täglicher Basis eng mit uns zusammenarbeiten. Das äußere Band

**Das Symbol deines Geistführers**

Viele Geistführer offenbaren sich durch Symbole, Bilder oder bestimmte Farben. Sie zeigen sich nicht immer gleich so, wie sie wirklich sind. Das Sinnbild enthält Hinweise auf ihre Funktion in deinem Leben. Meditation, Studium und Nachsinnen über das Symbol verstärken dein eigenes Energiefeld, sodass du dich leichter auf diesen speziellen Geistführer einstimmen kannst.

wird dann aktiv, sobald wir anfangen, bewusster an unserer Entwicklung zu arbeiten. Wenn dies der Fall ist, treffen wir normalerweise unsere Meister-Lehrer und nehmen den Einfluss des geistigen Bereichs stärker wahr.

Wir sollten nie vergessen, dass die Geistwesen, wie wir selbst, aus Energie bestehen. Wir ziehen die Energie an, die unserer eigenen am ähnlichsten ist. Deine Geistführer sind Wesen mit individueller Persönlichkeit, und sie unterscheiden sich anhand der Tiefe, der Dauer und der Art von Beziehung, die du mit ihnen hast.

Sie geben sich dir auf vielerlei Weise zu erkennen. Manche Geistführer benutzen Symbole, während andere unterschiedliche Bereiche deines Körpers berühren. Wieder andere machen sich akustisch bemerkbar. Dies kann ein Summen oder Klingeln sein, aber auch Flüstern und wahrnehmbare Stimmen. Einige Geistführer machen durch Farben oder Düfte auf sich aufmerksam. Manche erscheinen als bestimmte Geschöpfe, und andere zeigen sich wiederum einfach so, wie sie ausgesehen haben, als sie noch einen Körper hatten. Die meisten Geistführer sind außerdem geschlechtlich klar zu unterscheiden.

Viele haben einen Namen, aber es gibt auch welche, die namenlos bleiben. Wichtiger als Namen ist die Information, die du durch sie erhältst. Dennoch solltest du deinen Geistführer nach seinem Namen fragen, weil dadurch die Beziehung persönlicher wird. Vertraue dem ersten Namen, den du erhältst, auch wenn er merkwürdig für dich klingt. Viele Geistführer geben dir einen Namen, an den du dich erinnern und mit dem du dich in Beziehung setzen kannst. Dabei muss dies nicht zwangsläufig sein wirklicher Name sein.

Wie auch immer sie auftreten, alle Geistführer benutzen eine Erscheinungsform, mit der du dich wohl fühlst. Sie liefert Hinweise darauf, welche Funktion sie in deinem Leben haben. Im Lauf der Zeit wirst du immer besser zwischen deinen Führern unterscheiden können.

## Überwinden von Ängsten und Problemen

Hier ist eine Checkliste, die dich daran erinnern soll, was du tun musst, wenn du mit der geistigen Welt in Kontakt kommst und keine Schwierigkeiten haben möchtest:

- Nichts in der geistigen Welt kann dir Schaden zufügen, wenn du deinen gesunden Menschenverstand und deine Urteilskraft walten lässt.
- Du kontrollierst alle Aspekte der Zusammenarbeit mit deinen Geistführern. Wenn du auf Eigenschaften oder Temperamente stößt, die dir nicht gefallen, solltest du dies klar zum Ausdruck bringen. Du brauchst ignorantes Verhalten nicht im diesseitigen Leben und schon gar nicht im Kontakt mit dem spirituellen Bereich zu tolerieren.

- Obschon uns eine Anzahl von Geistführern unterstützt, beobachten sie nicht alles, was wir 24 Stunden am Tag machen. Es handelt sich hier nicht um Voyeure, und für ihr eigenes Wachstum haben sie noch andere Aufgaben zu erledigen. Offen gesagt, würden sich die meisten von ihnen sehr langweilen, wenn sie die ganze Zeit in unserer Nähe sein müssten.
- Es wird zwar in vielen Fällen von Besessenheit berichtet, ich persönlich habe diese Erfahrung jedoch niemals gemacht. Damit will ich die Möglichkeit natürlich nicht ausschließen. Das meiste, was die Öffentlichkeit über Besessenheit weiß, stammt aus Filmen und ist völlig falsch. Solange du ein ausgeglichenes, gesundes Leben führst, musst du dir keine Sorgen machen, selbst während du mit deinen eigenen Geistführern arbeitest. Die Unterhaltungsindustrie hat außerdem die Vorstellung gefördert, Kinder seien anfälliger für Besessenheit. Dies ist ebenfalls nicht der Fall. Sie haben eine starke beschützende Energie und ein kräftiges Licht über sich. Es stimmt, dass sie die geistigen Reiche leichter wahrnehmen, und viele »eingebildete« Freunde sind alles andere als reine Phantasieprodukte. All dies legt den Schluss nahe, dass Besessenheit bei Kindern nahezu unmöglich ist, es sei denn, ihr energetisches Feld ist grundlegend gestört (wie im Fall eines schweren Missbrauchs durch Erwachsene).
- Du musst nicht lernen, ohne Bewusstsein zu sein oder in Trance zu fallen, um mit deinen Geistführern Kontakt

aufnehmen zu können. Im Gegenteil, am besten funktioniert es, wenn du ein vollkommen bewusster Kanal bist. Es ist schwieriger, einen solchen bewussten Kanal herzustellen, aber auf lange Sicht gesehen, ist es sicherer und gesünder (in Kapitel 4 wird dies noch ausführlicher erklärt). Du wirst in diesem Buch Techniken erlernen, um mit deinen Geistführern gezielt Kontakt aufnehmen zu können, und zwar in völlig bewusster Verbindung mit jenen hochsensiblen Bereichen.

- Geistführer erfüllen dir fast jeden Wunsch. Pass aber auf, dass du nicht zu abhängig von ihnen wirst, und beanspruche sie nicht aus Langeweile oder gar, um vor anderen damit anzugeben. Es ist erstaunlich, wie oft selbst in metaphysischen und spirituellen Kreisen regelrecht mit Namen von Geistführern und Beziehungen zu ihnen geprahlt wird. Denk immer daran, dass es nicht auf diese Begriffe ankommt. Vielleicht wurde eine Bezeichnung nur deshalb gewählt, weil es dann leichter ist, mit der Wesenheit in Verbindung zu treten. Solange die Beziehung produktiv und von Nutzen ist, spielt es keine Rolle, wenn noch niemand von deinem speziellen Geistführer gehört hat.
- Überprüfe und teste deine Geistführer. Folge nicht blind ihren Eingaben. Deine wirklichen Führer gehen davon aus, dass du ihre Aussagen überprüfst, und werden Geduld mit dir haben. Deine Zweifel und Befürchtungen werden sie nicht beleidigen und vertreiben. In jeder

Beziehung bildet sich das Vertrauen nur langsam (in Kapitel 10 schauen wir uns Wege an, um in der Arbeit mit Geistführern wirkliches Urteilsvermögen und Unterscheidungskraft zu entwickeln).

- Die Arbeit mit Geistführern ist eben genau das – Arbeit. Es geht um eine Beziehung, die beide Seiten involviert. Schutzengel und Krafttiere sind nicht da, um dir alles abzunehmen, und sie werden es auch nicht tun. Ihre Existenz ist keine Entschuldigung für unangemessenes Handeln oder gar fehlende Aktivität unsererseits. Das Sprichwort »Hilf dir selbst, dann hilft dir Gott« können wir umformulieren und sagen: »Geistführer helfen denen, die sich selbst helfen.« Letztlich trägst nur du die Verantwortung und die Konsequenzen für dein Handeln (oder Nichthandeln).
- Die geistigen Gesetze sind genauso unumstößlich wie die Naturgesetze. Wenn du nicht zuerst geeignete Techniken lernst, die Öffnung zu schnell vorantreibst und dem Ego erlaubst, sich breit zu machen, dann ist das etwa so, als ob du ohne Isolierung mit Starkstrom hantierst oder nicht darauf achtest, dass die Drähte vorher vollständig geerdet sind. Dies führt unweigerlich zum »Kurzschluss«. Es gibt keine Tricks und keine Abkürzungen. Es spielt noch nicht einmal eine Rolle, wie »entwickelt« du in vorangegangenen Leben gewesen sein magst. Auch in diesem Leben musst du erneut erwachen und deine höheren Sinne neu entwickeln.

- Der Kontakt mit wahrhaft höheren Seelenenergien ist ein Segen, den du konkret fühlst. Er wird deinen Willen bestärken und deinen Geist erhellen, sodass du dich anstrengst, deine Ziele zu erreichen. Als Ergebnis wirst du sehen, dass dein Einfluss auf das Leben anderer Menschen von Mitgefühl geprägt und heilend ist. Es handelt sich nicht um einen hohen esoterischen Prozess, der nur für wenige infrage kommt. Wenn du dir wünschst, mit Engeln zu kommunizieren, brauchst du dir nur die Zeit zu nehmen, um das Wichtigste über sie in Erfahrung zu bringen und mit ihnen zu sprechen. Wenn du mit deinen Geistführern Kontakt haben möchtest, dann schließ sie in deine Gebete und Meditationen ein. Stell einfach den Kontakt her. Was du dafür im Einzelnen tun musst, zeigt dir dieses Buch.

# Kapitel 2: Das Unsichtbare wahrnehmen

Wenn unsere Geistführer uns in allen Belangen unterstützen können, warum nehmen wir sie dann nicht ohne Weiteres wahr? Warum sind sie nicht leichter bemerkbar? Warum müssen wir zu einem Channel oder Medium gehen, um sie kennen zu lernen? Warum offenbaren sie sich diesen und nicht uns persönlich? Warum können nur bestimmte Menschen sie sehen?

Die Antworten sind so verschieden wie die Menschen, die diese Fragen stellen, wenn sie anfangen, sich mit den unsichtbaren Bereichen des Lebens zu beschäftigen. Bei einigen ist die Tür zu den feinstofflichen Welten vielleicht verschlossen, während andere gar nicht merken, dass der Kontakt bereits besteht. Dies ist wie gesagt oft bei Kindern der Fall. Ihre Freunde werden von Erwachsenen schnell als reine Phantasieprodukte abgetan, obwohl sie oft sehr real sind. Dies hat zur Folge, dass das Kind seine Wahrnehmungsfähigkeit mit der Zeit immer mehr verschließt.

Die meisten Menschen sind nicht darauf vorbereitet, geistige Wesen wahrzunehmen. In der westlichen Welt werden diese in der Regel entweder für Engel oder Dämonen, für

Heilige oder Teufel gehalten. Menschen, die in Verbindung mit solchen Wesenheiten stehen, bezeichnet man hier oft als »böse« oder »verrückt«.

Unsere Gesellschaft ist darüber hinaus sehr rationalistisch. Alles, was sich nicht unmittelbar nachweisen lässt, wird entweder geleugnet, verspottet oder als Produkt der Einbildung abgetan. Glücklicherweise offenbaren die Geheimnisse des menschlichen Bewusstseins größere Wahrnehmungskräfte, als bislang akzeptiert wurde. Zu diesen Kräften gehört das Erkennen anderer Bereiche und Dimensionen des Lebens.

Da unsere Geistführer nicht permanent um uns herum sind und uns nicht auf Schritt und Tritt folgen, müssen wir lernen, spezielle Zeiten und Arten des Kontakts sowie der Kommunikation festzulegen. Dies hat zur Folge, dass wir die psychischen Fähigkeiten des Bewusstseins gezielt entwickeln müssen, um mit jenen Sphären in größeren Austausch treten zu können. Der Grad der Wahrnehmung wird immer vom individuellen Bemühen und Durchhaltevermögen abhängen.

Oft findet auch ein reger Austausch mit der geistigen Welt statt, ohne dass wir ihn erkennen. Mithilfe jedes unserer Sinnesorgane können wir ebenso geistige Wesen und Dinge wahrnehmen. Wir sehen sie vielleicht als tatsächliche Wesen, als Farben, Bilder, Tiere, Geschöpfe oder Symbole. Vielleicht erscheinen sie als vorbeihuschender Schatten oder in einer diffusen feinstofflich-energetischen Form.

Geistige Wesen können physisch oder intuitiv gesehen werden. Sie unterscheiden sich aufgrund des Entwicklungsgrads unserer psychischen Fähigkeiten.

Es ist auch möglich, Geistführer zu hören. Das kann ein innerer, aber auch ein äußerer Vorgang sein. Wer anfängt, geistige Wesen akustisch wahrzunehmen (Hellhören), vernimmt zunächst ein leises Brummen, Flüstern, Läuten oder Knackgeräusche, für die es sonst keine Erklärung gibt. Schließlich verwandeln sich die Klänge in klar erkennbare Stimmen. (Das Phänomen ist nicht zu verwechseln mit der Schizophrenie, wenn Menschen also kontinuierlich Stimmen hören. Diese kann durch Traumata, die individuelle Körperchemie und viele andere Auslöser verursacht sein. Eine Theorie besagt, dass jene Art von Psychose auf ein Loch in der Aura oder im energetischen Feld hinweist, das es fremden Energien [oder Wesenheiten] ermöglicht, in das Individuum einzutreten und es für seine eigenen Zwecke zu benutzen.)

Es ist nicht ungewöhnlich, dass Menschen, welche die Fähigkeit zum Hellhören entwickeln, in der Nacht aufwachen und denken, jemanden im Raum oder im Haus gehört zu haben. Wenn der Adrenalinspiegel sich wieder normalisiert hat und sie sich vergewissert haben, dass niemand eingedrungen ist, brauchen sie sich nur bewusst zu machen, dass sie einfach angefangen haben, subtile Geräusche wahrzunehmen. Das geschieht meistens dann, wenn man sich zwischen dem Schlaf und dem Wachsein befindet. Diese

Art hypnotischer Zustand erleichtert das Hören der Stimmen aus feinstofflichen Sphären.

Viele Menschen nehmen die spirituelle Welt durch ihren Riechsinn wahr. Sie bemerken zum Beispiel das Parfüm eines verstorbenen Verwandten oder fangen einen Duft auf, der mit einem Geistführer oder einem dahingegangenen Familienmitglied verbunden ist. Der Geruch ist eine ausgezeichnete Form persönlicher Identifizierung und Überprüfung. Wenn mein Großvater mich als Geistwesen besucht, erkenne ich ihn an einem starken Tabakgeruch. Dieser gehörte zu ihm und zu seinem Zimmer in dem Haus, in dem ich aufgewachsen bin. Wenn ich ihn auffange, weiß ich, dass er zugegen ist.

Wieder andere Menschen nehmen die geistige Welt durch ihren Tastsinn wahr. Es muss nicht ungewöhnlich sein, dass sich jemand auf freiem Feld ein Spinnengewebe aus dem Gesicht zu streichen scheint. Interessant daran ist nur, dass es auf freiem Feld keine Spinnennetze in dieser Höhe gibt. Was die Person erlebt, ist die Berührung durch einen Naturgeist.

Wenn wir mit unseren Geistführern Kontakt aufnehmen, kann es vorkommen, dass sie uns mit ihrer Energie berühren. Vielleicht fühlen wir ein Kribbeln auf dem Arm oder spüren, wie sich eine Wärme oder eine Kühle um uns legt. Unser Kopf kann sich anfühlen, als liefe uns eine Fliege über die Stirn. Oder wir verspüren den Drang, eine bestimmte Körperstelle immer wieder zu kratzen. Mit ein bisschen

Übung kannst du lernen, verschiedene Geistführer daran zu unterscheiden, wo sie dich berühren. Du kannst sie sogar bitten, dich immer an einer speziellen Stelle und auf eine bestimmte Weise anzufassen, sodass du sie stets gleich erkennst.

## Den Bewusstseinszustand verändern und die Wahrnehmung erweitern

Die Arbeit mit unseren Geistführern ist ein kreativer Prozess. Wir lernen dabei, bewusst in unser Unterbewusstsein einzutauchen, denn dort befindet sich der Ursprung unserer feinstofflichen Wahrnehmungen. Das Unterbewusstsein registriert alles, was uns zustößt, sowohl körperlich als auch geistig. Ein kreativer Mensch kann diese Informationen und Wahrnehmungen verarbeiten und etwas Neues aus ihnen schaffen.

Der Zugang zum Unterbewusstsein ist der Schlüssel zum direkten Kontakt mit Geistwesen. Dieser kann auf vielerlei Weise hergestellt werden, zum Beispiel durch Biofeedback, Träume, Hypnose, Meditation und jede künstlerische oder kreative Aktivität. Von all diesen Möglichkeiten eignet sich die Meditation am besten dazu, unsere subtile Wahrnehmung zu erwecken.

Wenn wir die Augen schließen und unsere Sinne von unserer Umgebung abziehen, begeben wir uns vollständig in einen anderen Lebensbereich. Er ist beweglicher und mehr im Fluss als die physische Welt, aber er ist genauso real. Es ist die Welt, in der wir träumen und uns die Zukunft vorstellen können, in der wir Geheimnisse in unserem Umfeld entdecken und unsere Geistführer treffen.

Meditation ist kein schwieriges Unterfangen. Das eigentliche Problem besteht im Sehen. Wenn wir lernen, unsere Wahrnehmung der Welt zu »verschieben«, betreten wir einen veränderten Bewusstseinszustand. Wir alle kennen solche Zeiten, in denen wir in anderen Sphären sind. Träumen ist zum Beispiel so ein Zustand. Oftmals bewirkt das vertiefte Lesen eines Buchs, dass die Menschen »sich selbst vergessen«. Jogging, Näharbeit, lange Autofahrten und das Musikhören sind Aktivitäten, die zu einer Veränderung des Bewusstseins führen können – man gerät in den »Flow«, geht völlig im Moment auf. Durch Meditation lernen wir, unser Bewusstsein kontrolliert zu verändern.

Kreative Imagination oder imaginäre Wahrnehmung sind der Schlüssel, um die Türen zu geistigen Welten und Energien und zu wahrer spiritueller Bewusstheit zu öffnen. Energie aus mehr ätherischen Bereichen muss die Gestalt von Bildern annehmen, damit wir sie erkennen und mit ihr arbeiten können. Man sollte Imagination nicht mit Unwirklichkeit verwechseln, denn mit ihrer Hilfe erschaffen wir mittels Formen, Farben und Klängen eine neue Wahrnehmung der Wirklichkeit, die uns umgibt.

In unserem Gehirn geschieht die Wahrnehmung vor allem auf zwei Arten: Die unterschiedlichen Eigenschaften der beiden Gehirnhälften spielen eine entscheidende Rolle im Hinblick auf unsere Fähigkeit, veränderte Bewusstseinszustände für den Kontakt mit der geistigen Welt zu benutzen. Jede Gehirnhälfte nimmt dieselbe Information auf, verarbeitet sie jedoch unterschiedlich. Oftmals hat die linke Hälfte die Tendenz, die andere zu übernehmen und zu dominieren, besonders bei Menschen, die im Westen aufgewachsen sind. Diese linke Hemisphäre analysiert, zählt, plant, stoppt die Zeit, betrachtet die Dinge vom logischen Gesichtspunkt aus und zerlegt alles in Einzelschritte. Sie verbalisiert und zieht Schlussfolgerungen. Ihre Einstellung gegenüber dem Leben ist immer seriell und linear.

Wir haben jedoch noch eine andere Möglichkeit der Wahrnehmung und Informationsverarbeitung – und zwar mithilfe unserer rechten Gehirnhälfte. Dank dieser Hemisphäre sehen wir Dinge, die imaginär zu sein scheinen und offenbar nur in unserer subjektiven Wahrnehmung existieren. Wir erinnern uns an reale Vorfälle und sehen vor unserem geistigen Auge, wie die Dinge im Raum existieren und wie die Teile zusammen ein Ganzes ergeben. Mithilfe unserer rechten Gehirnhälfte verstehen wir Symbole und Metaphern, träumen, haben kreative Ideen und nehmen die subtilen Lebensenergien wahr. Durch diese Hälfte zapfen wir unsere Intuition über das Unterbewusste an und kommen zu neuen Einsichten.

Ihr vielleicht größter Nutzen ist ebenjene Fähigkeit, Bilder erzeugen zu können. Diese Bilder mögen Informationen aus der Vergangenheit, Gegenwart oder Zukunft reflektieren. Sie spiegeln aber möglicherweise auch Kontakte mit Geistführern und anderen geistigen Wesenheiten wider.

Es gibt zwei grundlegende Formen der Meditation und Wahrnehmung der geistigen Welt, wobei die Übergänge fließend sind. Bei allen anderen Varianten handelt es sich um Abwandlungen dieser beiden. Die erste ist eine passive Methode. Bildern und Wahrnehmungen wird es erlaubt, nach Belieben ins Bewusstsein zu treten und sich um ein spezielles Mantra oder Symbol oder um eine bestimmte Idee zu gruppieren. Die zweite Form ist eine aktive Methode. Du nimmst ein Symbol, ein Bild, eine Idee usw. und konzentrierst dich so stark darauf, dass alle anderen Gedanken in den Hintergrund treten. Der Sinn dieser Methode liegt darin, aus der Idee oder dem Symbol so viele Informationen herauszuziehen, wie du kannst.

Alle Bilder, Symbole und Ideen sind im Universum mit einer archetypischen Energie verbunden. Wenn wir meditieren und uns auf sie konzentrieren, wird diese Energie der Urbilder freigesetzt und strömt in unser Leben. Das Unterbewusstsein ist der Vermittler der Energie. Auf einer meditativen Ebene stimuliert der Kontakt mit der archetypischen Energie Visionen, Eindrücke, Gefühle und intuitive Einsichten. Er zieht dich auch zu jenen Geistführern, die

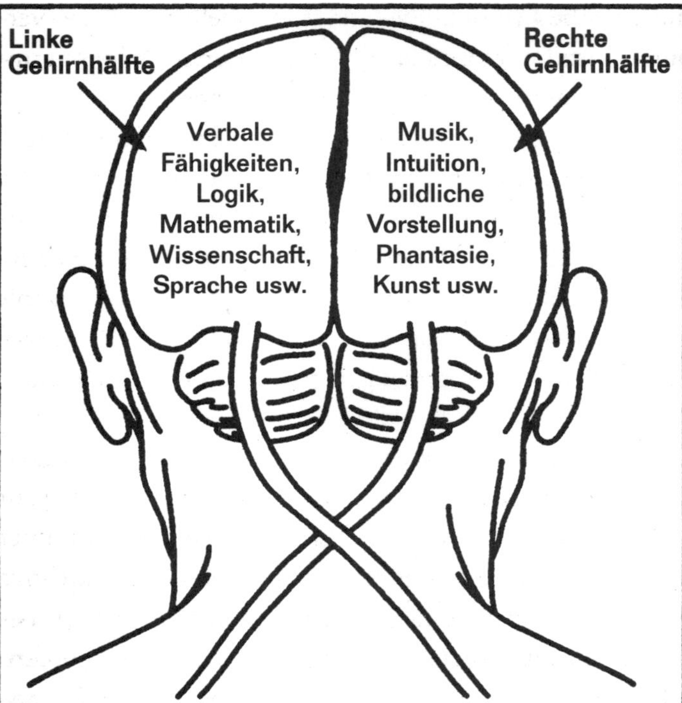


Wir benutzen veränderte Bewusstseinszustände, um unsere Wahrnehmung zur geistigen Welt hin zu öffnen. Dies ist einfacher mithilfe der rechten Gehirnhälfte und bestimmten Ebenen des Unterbewusstseins. Auf diesen Ebenen findet eine subtile Wahrnehmung statt, die wir bewusst nicht registrieren.

mit einer bestimmten Idee, einem speziellen Bild usw. verbunden sind. Ihre Gegenwart wird dadurch leichter in unserem äußeren, bewussten Leben erkennbar.

Wenn wir über Ideen und Bilder strahlender Gesundheit meditieren, ergießen sich die archetypischen Energien der Gesundheit in unser Leben. Dies wiederum zieht die Geistführer an, die uns bei der Heilung behilflich sein können. Wenn wir über Freude meditieren, verbinden wir uns mit der archetypischen Kraft der Freude und ziehen die Geistführer an, die uns dabei helfen, Freude zu manifestieren.

Durch Meditation werden die wahrnehmenden Fähigkeiten des Bewusstseins trainiert. Wenn wir es regelmäßig auf eine Idee oder auf ein Bild ausrichten, *werden* wir immer mehr zu dieser Idee oder diesem Bild. Dies ist der kreative Aspekt, der der Meditation zugrunde liegt. Wenn wir beharrlich meditieren, können wir sehen, wie eine schöpferische Energie jeden Aspekt unseres Lebens auf allen Ebenen durchdringt.

Es ist nicht wichtig, zu Beginn auf eine Vielzahl von Bildern, Symbolen oder Ideen zu meditieren. Genauso wenig kommt es darauf an, am Anfang möglichst viele Geistführer zu kontaktieren. Es ist viel wichtiger, sich auf eine Sache zu konzentrieren und sie in deiner Seele zum Leben zu erwecken. Dadurch entsteht eine bewusste Vision des spirituellen Hintergrunds der physischen Welt. Während wir lernen, mit einem Geistführer Verbindung aufzunehmen

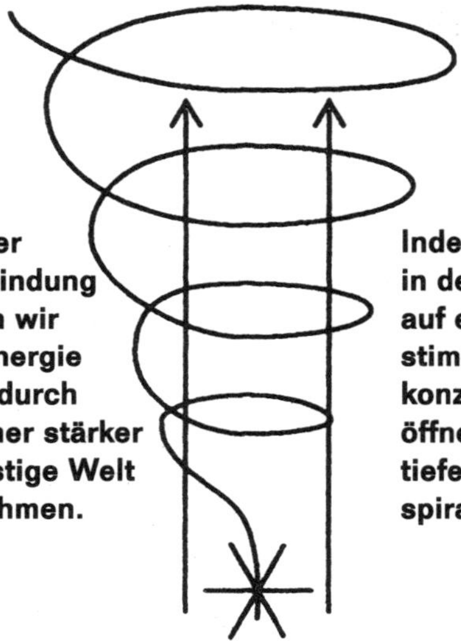

**Mit jeder Spiralwindung nehmen wir mehr Energie auf, wodurch wir immer stärker die geistige Welt wahrnehmen.**

**Indem wir uns in der Meditation auf einen bestimmten Inhalt konzentrieren, öffnen wir uns tieferen Energiespiralen.**

**Archetypische Energie**

**Bilder, Symbole oder Ideen als Meditationsinhalt**

Wenn wir den Energien der Urbilder (Archetypen) durch unsere Meditationen erlauben, in unser Leben zu fließen, stimulieren sie unsere Wahrnehmungsfähigkeiten, wodurch uns die feinstofflichen Energien in unserem Umfeld immer bewusster werden. Sie geben sich durch Farben, Symbole, Düfte, Berührungen, Eindrücke und tatsächliche Erscheinungen zu erkennen. Wenn wir in unserer Meditation fortfahren, nimmt die Energie der Archetypen immer mehr zu. Auf diese Weise öffnen wir uns tieferen Energiespiralen, die zur Hellsichtigkeit und der bewussten Einheit mit den hochsensiblen Bereichen führen.

und mit ihm zusammenzuarbeiten, werden sich die anderen Wesenheiten bzw. »Entitäten«, die uns umgeben, schon selbst zu erkennen geben.

Es bedarf täglich nur zehn Minuten gezielter Meditation, um mehr Energie und eine größere geistige Wahrnehmung zu manifestieren. Wenn du einmal damit angefangen hast, solltest du nicht wieder damit aufhören, nur weil es dir zu unbequem ist. Spätestens wenn du es, sagen wir, ein Jahr lang durchhältst, werden deine hellsichtigen Kräfte geweckt, und du kannst die hochsensiblen Bereiche bewusst wahrnehmen.

## Einleitende Vorbereitungen

Jeder kann seine hellsichtigen Fähigkeiten und seine geistige Wahrnehmung entwickeln und nutzen. Es bedarf dazu keiner höheren Moral, genauso wenig, wie diese zur Entwicklung einer größeren körperlichen Stärke notwendig ist. Umgekehrt bedeuten hellsichtige Fähigkeiten und geistige Wahrnehmung auch nicht, dass du eine höhere Moral hast oder spirituell weit entwickelt bist, was durch eine größere körperliche Stärke ja auch nicht zum Ausdruck kommt.

Alle Menschen haben »übernatürliche« Sinne. Die meisten von uns benutzen sie jedoch nicht. Entweder wir ignorieren sie, oder wir weigern uns, sie zu entwickeln. Obwohl es sich um eine Fähigkeit handelt, die von jedem erlernt werden kann – so wie wir alle lesen lernen –, ist sie für einige leichter zu entwickeln als für andere. Dennoch können wir das Folgende tun, um uns bei der Ausbildung dieser Fähigkeit zu unterstützen.

### *Ernährungsweise*

Bestimmte Nahrung enthält hohe Schwingungen, die das Energieniveau des menschlichen Körpers anheben und uns dadurch helfen, die höheren Schwingungen der geistigen Welt leichter zu empfangen. Fisch, weißes Fleisch, Gemüse, Ananas, Papaya, Zitronen, Orangen usw. sind Nahrungsmittel, die über eine hohe Schwingung verfügen.

Zu essen und zu verdauen verbraucht mehr Energie als alles andere. Wenn unser ganzes Potenzial in die Verarbeitung von Nahrung geht, sind wir nicht mehr so empfänglich für die feinstofflichen Welten, die uns umgeben. Rotes Fleisch ist ein Nahrungsmittel, das nicht so hoch schwingt. Es verlangsamt den Stoffwechsel und verhindert geistige Wahrnehmung. Um Rindfleisch vollständig zu verdauen, braucht der Körper je nach Situation sechs bis fast vierzig Stunden.

Man sollte außerdem mindestens eine Stunde vor der Meditation oder dem geplanten Kontakt mit einem Geistwesen nichts mehr essen. Wenn du schwere Nahrung zu dir nimmst, solltest du mindestens sechs Stunden warten.

Steigere deine Wasserzufuhr. Die meisten Menschen trinken zu wenig. Wenn wir damit anfangen, auf einem höheren geistigen Energieniveau zu arbeiten, müssen wir mehr Wasser zu uns nehmen. Es leitet die Energie und erlaubt uns, eine höhere Schwingung anzunehmen, ohne dass es durch die größere Intensität zu einem Kurzschluss kommt. Eine Verringerung der Salzzufuhr auf ein vernünftiges Maß dient ebenfalls der geistigen Kontaktaufnahme.

Auch gelegentliches Fasten ist dienlich für eine erhöhte geistige Wahrnehmung. Es beseitigt Unreinheiten aus unserem Organismus, die sonst unsere Wahrnehmungsfähigkeiten beeinträchtigen können. Der menschliche Körper ist ein »Rezeptionsorgan« für körperliche und geistige Dinge. Je gesünder der Organismus, desto vitaler und klarer sind unsere geistigen Kontakte.

### *Baden*

Ein Salzwasserbad spült Giftstoffe aus unserem System, die unsere Wahrnehmungsfähigkeiten beeinträchtigen können. Gib eine Tasse Meersalz in dein Badewasser und füge eine Tasse Essig hinzu (um ein Austrocknen zu verhindern). Lass deinen Körper dreißig Minuten lang vor der Meditation darin »einweichen«. Dadurch wird die ätherische Energie des Organismus gereinigt und die geistige Wahrnehmung verstärkt.

## *Akupressur*

Akupressur wird manchmal auch »Fingerakupunktur« genannt. Sie umfasst die Massage oder den Druck über den traditionellen chinesischen Akupunkturpunkten mit den Fingern und ist ein Mittel, um die so genannten Triggerpunkte nervlich zu stimulieren. Diese Punkte befinden sich an speziellen Nerven- und Energiebahnen im Körper. Meistens wird Akupressur angewendet, um Schmerzen zu stillen und Gesundheit und Ausgewogenheit wiederherzustellen.

Es gibt bestimmte Akupressurpunkte, die sehr wirksam sind, um die intuitiven Aspekte des Bewusstseins anzuregen. Die ersten Punkte bewirken eine Verlagerung der Energie von der Großhirnrinde zum Rückenmark (dem hinteren Ursprung des Gehirns). Das Großhirn ist der Bereich, in dem die meisten bewussten Aktivitäten ablaufen. Das Rückenmark hingegen ist das Zentrum des autonomen Nervensystems. Es reguliert die innere Funktion des Herzens, der Atmung usw. Es ist außerdem die Verbindung zu unserem intuitiven Empfindungsvermögen.

Am Harnblasenmeridian (Meridiane sind feinstoffliche Energieleitungen im Körper) befindet sich der Punkt Yuzhen (in der Akupunktur »Jadekissen« genannt). Manchmal heißt dieser Punkt auch BL-9 oder UB-9. Technisch befinden sich diese Punkte seitlich der oberen Grenze der Protuberantia occipitalis externa, eines Vorsprungs am Kopf – die Abbildung macht den Sitz dieser Punkte anschaulich.

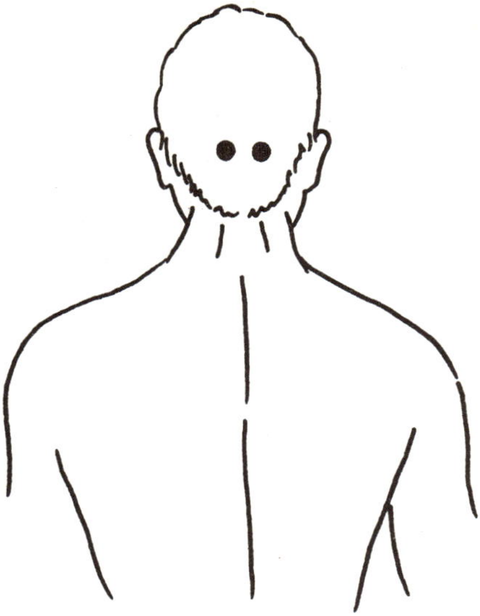

**Die Yuzhen-Punkte (Jadekissen)**

Wenn du diese beiden Punkte ungefähr dreißig Sekunden lang gleichzeitig massierst, trägst du dazu bei, dass sich die bewusste Gehirnaktivität der Großhirnrinde zur unbewussten und intuitiven des Rückenmarks verlagert. Die Massage sollte sanft und ohne Unterbrechung durchgeführt werden.

Eine vorsichtige Massage oder ein sanfter Druck auf beide Punkte gleichzeitig kann dazu beitragen, in einen veränderten Bewusstseinszustand zu kommen. Der Stoffwechsel des

Körpers wird dadurch verlangsamt, und die Wahrnehmung verlagert sich vom Bewusstsein zum Unterbewusstsein.

Das Konzeptionsgefäß und das Lenkergefäß sind zwei wichtige Energiebahnen, um den bewussten Verstand ins Gleichgewicht zu bringen und eine intuitive Wahrnehmung zu verstärken. Das Lenkergefäß läuft den Rücken hoch, über den Kopf nach vorn und wieder nach unten bis zum Gaumen. Das Konzeptionsgefäß verläuft auf der Vorderseite des Körpers bis zu einem Punkt an der Zungenspitze.

Auf halbem Weg zwischen Anus und den Genitalien am Damm ist ein Punkt, der »Treffpunkt des Yin« genannt wird. Wenn man ihn auf die richtige Weise stimuliert, verbindet er das Konzeptionsgefäß mit dem Lenkergefäß und regt das so genannte Dritte Auge (das Stirnchakra bzw. Energiezentrum zwischen den Augenbrauen) und das intuitive Wahrnehmungsvermögen an. Ein Zusammenkneifen des Schließmuskels (oder die Massage dieses speziellen Punkts), während die Zungenspitze am Gaumen direkt hinter den Schneidezähnen anliegt, erzeugt einen verbundenen Energiekreislauf zwischen den beiden Meridianen.

Eine auf diese Weise hergestellte Verbindung der beiden Energiebahnen hilft dabei, den Stoffwechsel zu stabilisieren und das intuitive Wahrnehmungsvermögen zu steigern. Hierdurch wird die innere und äußere Vision der feinstofflichen Lebensbereiche gefördert. Wenn diese Übung richtig durchgeführt wird, fühlst du während der Schließmuskelkontraktion einen leichten Druck zwischen den Augen.

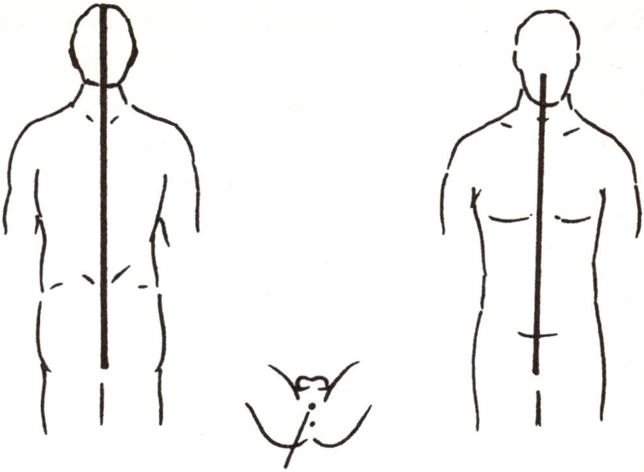

**Lenkergefäß** **Treffpunkt des Yin** **Konzeptionsgefäß**

**Ein Energiekreislauf**

Wenn du den Schließmuskel zehn- bis zwölfmal zusammenkneifst, regst du den Treffpunkt des Yin und das Konzeptionsgefäß an. Liegt die Zunge dabei am Gaumen hinter den Schneidezähnen an, wird gleichzeitig auch das Lenkergefäß stimuliert. Auf diese Weise entsteht ein geschlossener Energiekreislauf, der das Dritte Auge aktiviert, wodurch die intuitive Wahrnehmung und die Vision von Geistwesen möglich werden. Anstatt den Schließmuskel zusammenzukneifen, kannst du den Treffpunkt des Yin auch einfach nur massieren.

*Düfte, die die geistige Wahrnehmung anregen*

Duft – erzeugt von Kräutern, Ölen, Räucherstäbchen oder Duftsträußchen – ist ein sehr wirkungsvolles Mittel, um Bewusstseinszustände zu verändern und Kontakt zu Geistwesen in der Meditation zu fördern. Aufgrund ihrer einzigartigen Beschaffenheit verändern Düfte unseren Schwingungszustand ebenso wie den unserer Umgebung. Sie können auf Geistführer sehr anziehend wirken und die innere Wahrnehmung der Aktivitäten von Geistwesen in unserem Umfeld stärken:

- *Apfelblüte:* Dieser Duft hilft dabei, mit Naturgeistern in Verbindung zu treten. Er ist besonders effektiv für diejenigen, die mit Geistführern in Kontakt kommen wollen, welche mit uns anhand von mystischen Bildern arbeiten. Es handelt sich um einen Duft, der das »Einhorn« anzieht.
- *Flieder:* Flieder ist einer der besten Düfte, um sich mit der geistigen Welt zu vereinen. Er hilft, eine deutliche Vision der feinstofflichen Bereiche zu stimulieren, und zieht wohlmeinende Geistwesen an. Flieder ist für bestimmte Feenarten unwiderstehlich, und seine Blätter können dafür eingesetzt werden, um Häuser zu reinigen, in denen es spukt. Der Duft stimuliert höhere Formen der Hellsichtigkeit.
- *Gardenie:* Dieser Duft ist für die Naturgeister sehr attraktiv. Er stimuliert Telepathie und die Kommunikation

mit der subtilen Welt auf vielen verschiedenen Ebenen. In Ritualen kann er benutzt werden, um wohlmeinende Wesenheiten herbeizurufen.

- *Glyzinie:* Okkultisten, Metaphysiker und Heiler verwenden diese Duftnote, um gute Geister und spezielle Geistführer für bestimmte Aufgaben anzuziehen. Die Glyzinie bringt dich solchen Wesen näher, die als kreative Quellen der Inspiration dienen und die dabei helfen, Heilenergie zu entwickeln.
- *Kamille:* Die Kamille zieht die Devas an, die mit Ägypten und Arabien in Verbindung stehen. Sie kann dir dabei helfen, dich auf das Naturreich »einzutunen«, und ist sehr förderlich, wenn du sie in den Meditationen benutzt, die in Kapitel 7 beschrieben werden. Die Kamille hat eine ausgleichende Wirkung auf die Aura, sodass die geistige Wahrnehmung erleichtert wird.
- *Lavendel:* Dieses Kraut kann Stress vermindern und veränderte Bewusstseinszustände herbeiführen. In der Vergangenheit wurde es von bestimmten Personen getragen, um Gespenster und Geister zu sehen und ihre Gegenwart besser wahrzunehmen. Der Duft von Lavendel stimuliert höhere Visionen und kann benutzt werden, um in Kontakt mit verschiedenen Devas zu kommen.
- *Nelke:* Die Nelke ist ein Duft, der Schutz gegenüber Geistwesen bietet, die nicht inkarniert sind. Im Elisabethanischen Zeitalter wurde sie getragen, um Begegnungen mit Gespenstern zu vermeiden.

- *Rose:* Rosenduft zieht Geistführer der Liebe und Freude zu uns hin. Er kann in der Meditation verwendet werden, um die Verbindung mit Wesenheiten herzustellen, die bei der Weissagung und der Verstärkung psychischer Fähigkeiten helfen.
- *Rosmarin:* Dieses Kraut und sein Duft sind den Elfen heilig. Rosmarin wird in England immer noch zu Weihnachten verwendet, um Elfen und anderen guten Geistern für ihre Hilfe im vergangenen Jahr zu danken. Rosmarin hat eine stark beschützende Energie und bewacht uns vor negativen Wesenheiten. Wenn man es als Badeöl einsetzt, verstärkt es die körperliche Empfindsamkeit gegenüber der geistigen Welt.
- *Veilchen:* Das Veilchen ist die Blume der Feenkönigin. Es wirkt auf alle Naturgeister anziehend und kann verwendet werden, um die Telepathie und Kommunikation mit ihnen zu verstärken. Wenn man vor der Meditation die Stirn mit einem Tropfen davon einölt, verstärkt man die Wahrnehmung des Feenreichs.
- *Weihrauch:* Er reinigt die Aura und die Umgebung. Seine hohe Schwingung verhindert das Eindringen von unerwünschten Geistwesen aus niedrigeren Ebenen. Er schützt und reinigt und ermöglicht eine gesteigerte Wahrnehmung.
- *Zitrone:* Die Zitrone ist ein Duft, der gute Geister anlockt. Er wurde in der Vergangenheit oft von Medien während einer Séance benutzt, um hohe Schwingungen

und hohe Geistführer anzuziehen. Er dient außerdem dem Unterscheidungsvermögen bei der Arbeit mit der geistigen Welt.

Wenn du dich näher mit Kräutern und Düften befasst, wirst du sehen, wie sie im Einzelnen eingesetzt werden können, um Geistführer anzuziehen. Sie sind nicht nur ausgezeichnete Quellen therapeutischer Hilfe, sondern dienen auch der spirituellen Erhebung und der erhöhten geistigen Wahrnehmung.

### *Werkzeuge, um die Wahrnehmung zu fokussieren*

Es gibt viele Mittel, die uns helfen, unsere psychische Sensibilität zu entwickeln. Wenn wir sie einsetzen, kommen wir in eine stärkere intuitive Verbindung mit den Wesen der geistigen Welt. Zu solchen Werkzeugen gehören unter anderem Pendel, Tarotkarten, Runen, die Astrologie oder die Numerologie. Sie können dazu dienen, Botschaften von Geistwesen zu bekräftigen, aber auch, unsere Wahrnehmung der feinstofflichen Welt zu verfeinern.

Viele dieser Divinationsmethoden haben Geistführer, die mit ihnen und durch sie arbeiten. Während du lernst, die Werkzeuge zu gebrauchen, wirst du in den Kontakt mit diesen Lehrern gezogen. Sie helfen dir dabei, die Mittel auch richtig einzusetzen.

## *Halt deine Erfahrungen fest*

Es ist sinnvoll, deine Kontakte und Erfahrungen schriftlich oder auf einem Tonträger zu archivieren. Auf diese Weise schaffst du eine stärkere Verbindung zwischen der Ebene deines Bewusstseins, auf der du mit den Geistführern kommunizierst, und deinem Alltagsbewusstsein. Du kannst dadurch gut nachvollziehen, ob die Meditation und der Kontakt real oder bloße Phantasie waren.

Wenn du deine Erlebnisse und Erfahrungen festhältst, wirst du die Qualität der Kommunikation besser einschätzen können, da du Daten hast, welche du überprüfen kannst. Und was noch wichtiger ist, du stärkst dadurch die Verbindung und förderst deinen zukünftigen Kontakt mit den Geistwesen.

Darüber hinaus kannst du anhand deiner Aufzeichnungen feststellen, ob der Rat, den du aus der feinstofflichen Welt erhältst, auch tatsächlich funktioniert. Wenn ja, ist alles in Ordnung. Wenn nicht, hast du vielleicht etwas falsch verstanden, oder du hast Kontakt mit einem Geistwesen, das nicht dein wahrer Führer ist.

Schau dir genau an, was du aufgeschrieben oder aufgenommen hast. Geh immer wieder an die entscheidenden Stellen zurück und überprüfe die Information. Ist das, was der Geistführer gesagt hat, eingetroffen? Hat dich der Kontakt mit ihm in Schwierigkeiten gebracht? Hat er dir in irgendeiner Weise genutzt? Bist du positiver eingestellt und glücklicher oder bist du überstimuliert? Verlierst du vielleicht einfach deinen Sinn für die Realität?

Lass deinen gesunden Menschenverstand walten und halt alle Eindrücke fest. Denk immer daran, dass du neue Wege beschreitest und dass nicht alles, was im Materiellen funktioniert, sich auch auf die geistige Ebene übertragen lässt. Unterscheidungskraft und Verifizierung sind in diesem Bereich sogar noch wichtiger. Deine wahren Geistführer haben nichts dagegen, dass du ihre Informationen überprüfst. Und du kannst nur das überprüfen, was du nach dem Empfang genau festgehalten hast.

# Kapitel 3: Die ersten Schritte in die geistige Welt

Die innere Haltung ist entscheidend, wollen wir mit unseren Geistführern in einer ausgeglichenen, geerdeten Weise in Kontakt treten. Wenn wir ernsthafte Absichten hegen und die Sache mit gesundem Menschenverstand angehen, werden wir Erfolg haben. Angst kann die Verbindung blockieren, behindern oder verzerren. Wenn wir den Kontakt zu Geistführern für kommerzielle Zwecke missbrauchen oder um unser Ego herauszustellen, werden wir uns wahrscheinlich eine Menge Probleme einhandeln.

Der Kontakt mit Wesen im nichtkörperlichen Zustand kann tendenziell dazu führen, dass unser Bewusstsein seinen Fokus auf den physischen Bereich verliert. Aus diesem Grund muss man immer wiederholen, wie wichtig es ist, in der Arbeit mit Geistführern zentriert und geerdet zu bleiben. Unsere Konzentration sollte stets in der materiellen Welt liegen. Wir nutzen den Kontakt zu Geistführern, um unser körperliches Leben zu bereichern, und nicht, um vor ihm zu fliehen.

Wenn wir uns dem geistigen Reich annähern wollen, müssen wir lernen, unsere Aufmerksamkeit von der Außenwelt abzuziehen und auf den inneren Bereich zu konzentrieren. Danach müssen wir uns wieder von innen nach außen wenden. Wenn wir den Kontakt mit Geistführern nicht zuerst innerlich verarbeiten und wissen, wie wir uns wieder erden können, geraten unsere Energien möglicherweise schnell aus dem Gleichgewicht.

Hier sind nun ein paar Anleitungen und Techniken, wie du in ausgewogener Weise mit deiner inneren Welt arbeiten kannst:

- Fang mit dem physischen Körper an. Gesunde Ernährung, körperliche Bewegung, frische Luft und genügend Schlaf sind die Grundlage für ein funktionierendes Gleichgewicht. Versuch ständig, deine Meditation und deine Entspannung zu verbessern. Je entspannter wir sind, desto leichter können wir mit unseren Geistführern Kontakt aufnehmen.
- Versuch dich immer mehr zu entspannen. Schick warme, beruhigende Gefühle in alle Bereiche deines Körpers. Spann jeden größeren Muskel an und entspann ihn dann wieder. Du milderst dadurch Stress und ermöglichst einen ausgeglicheneren geistigen Kontakt.
- Lerne, rhythmisch zu atmen. Atme ein, während du bis vier zählst, halt dann deinen Atem vier Schläge lang an und atme wieder bis vier aus. Atme Entspannung ein und Anspannung aus.
- Üb dich im Visualisieren, um deine Schwingungen anzu-

heben und geistigen Kontakt zu ermöglichen. Konzentrier dich dabei auf den nichtkörperlichen Bereich. Stell dir vor, du wärst Licht. Visualisiere nun einen Regler, der von eins bis zehn geht. Je höher du ihn drehst, desto stärker wird dein Energiefeld; es wird strahlender und kräftiger, beleuchtet alle feinstofflichen Dimensionen um dich herum und hilft dir, die geistige Welt zu sehen. Dreh zum Schluss den Regler zurück, als ob du das Licht hinter dir ausmachtest. Auf diese Weise schließt du die Tür und erdest dich wieder im Körperlichen.

- Nach einem Kontakt mit deinem Geistführer solltest du etwas trinken und essen. Dadurch werden das Verdauungssystem und der Stoffwechsel angeschoben, und das Bewusstsein wird wieder vollkommen in die körperliche Aufmerksamkeit gezogen. Iss nichts Schweres. Cracker oder etwas Leichtes sind alles, was du brauchst. Viele Hellsichtige oder Medien nehmen eine kalorienreiche Mahlzeit zu sich, um sich nach einer geistigen Arbeit zu erden. Dies kann sehr ungesund sein, und so ist es auch zu erklären, warum viele von ihnen Gewichts- und Gesundheitsprobleme haben.
- Mach für zehn Minuten einen Spaziergang oder leichte Dehnübungen, um dich wieder zu zentrieren und zu erden. Deine Eindrücke und Erfahrungen in einem Tagebuch festzuhalten, trägt auch dazu bei, wieder festen Boden unter die Füße zu bekommen. Erledige anschließend irgendeine körperliche Arbeit.

Denk immer daran: *Du* möchtest den Kontakt mit deinen Geistführern herstellen. Dies ist möglich durch Visualisieren, Gebet, Affirmation, Anrufung usw. Schaff einen inneren sakralen Raum, reich an Bildern und Symbolik. Eine Methode, um solch einen Raum herzustellen, wird in einer weiteren Übung dieses Kapitels beschrieben. In jenem inneren Heiligtum des Bewusstseins solltest du dir einen Pfad vorstellen, auf dem jemand zu dir kommen kann. Imaginiere, wie du von deinem heiligen Platz aus in höhere Bereiche aufsteigst. Stell dir ein goldenes Licht vor, das zu dir kommt; ein Licht, das sich wie eine Blüte entfaltet und einen Geistführer offenbart. Schaff dir einen Eingang, an dem du deinen Geistführer begrüßen kannst. Nutz die Fähigkeit des Geistes, Bilder zu erzeugen, um deine Geistführer bewusst zu manifestieren.

Lerne, auf die Schwingungen zu achten, die dich in deinem inneren Heiligtum umgeben. Die Übungen am Ende dieses Kapitels werden dir dabei behilflich sein. Manchmal ist es ein Kälteschauer wie aus dem Nichts. Die Haare stehen dir plötzlich am Arm oder Nacken zu Berge. Es kann sich aber auch langsam entfalten – eine zunehmende Gewissheit, dass du nicht allein bist.

Lerne, die Quelle zu identifizieren. Stell mentale Fragen über das, was du fühlst oder erlebst. Mann oder Frau? Name? Rasse? Vertrau deinen ersten Eindrücken, den Bildern, Zeichen, Symbolen und Gedanken, die unmittelbar nach den Fragen vor dein geistiges Auge treten oder dir in den

Sinn kommen. Denk daran, dass Geistführer sich auf vielerlei Weise zeigen können. Welche Gefühle lösen die Eindrücke in dir aus? Fühlst du dich energetisiert? Entspannt? Warm?

Halt deine Meditationen und geistigen Erfahrungen unmittelbar darauf schriftlich oder auf Tonträger fest, denn dadurch kannst du deine Führer leichter identifizieren und katalogisieren. Die Aufzeichnungen helfen dir auch dabei, deine Eindrücke zu überprüfen. Denk daran, dass verschiedene Themen auch verschiedene Geistführer mit sich bringen, und jede(r) Führer(in) präsentiert sich dir auf seine oder ihre spezielle Weise.

Wenn dich die Eindrücke zu erschlagen drohen, befehle ihnen geistig, einen größeren Abstand von dir einzunehmen oder langsamer abzulaufen, sodass du sie registrieren und anfangen kannst, immer nur jeweils eine Beziehung zu vertiefen. Es ist wichtig, dass du den Charakter und die Eigenschaften von jeder einzelnen Wesenheit kennst. Du bist derjenige, der bestimmt, was du mit ihnen machst!

## Übungen

Du kannst diese Übungen benutzen, um dich auf den Kontakt mit deinen Geistführern vorzubereiten.

## *Einstimmen der Aura für den Kontakt mit Geistwesen*

Je stärker und vibrierender unsere Aura ist, desto empfindsamer sind wir gegenüber feinstofflichen Energien, mit denen wir in unseren täglichen Aktivitäten zu tun haben. Die nachfolgende Übung entstammt einer uralten Mystik, bekannt unter dem Namen »Kabbala«. Sie nennt sich die »Mittlere Säule«[4] und fördert eine höhere Wahrnehmungsfähigkeit.

Die Übung umfasst Klänge in Form der alten hebräischen Gottesnamen sowie Visualisieren und Atmen, um die Aura mit ausgeglichener Energie zu füllen. Sie hat einen stabilisierenden und reinigenden Effekt und hilft dir, auf dem Boden zu bleiben. Sie ermöglicht außerdem die Vision deiner Geistführer. Sie kann vor und nach dem Kontakt mit einem solchen Wesen angewendet werden:

- Fang im Sitzen an. Schließ deine Augen und entspann dich. Visualisiere einen kristallenen Lichtball, der aus den Himmeln herabsteigt und am Scheitelpunkt deines Kopfs zur Ruhe kommt. Stimm nun leise, Silbe für Silbe, den Gottesnamen EHEIEH (EH-HEH-JEH) an. Fühl, wie der Scheitelpunkt des Kopfs sich dabei mit Energie füllt. Wiederhole das Ganze fünf- bis zehnmal.

[4] Nach meinem Buch *Simplified Magic – A Beginner's Guide to the New Age Qabala*, Llewellyn Publications, St. Paul 1989.

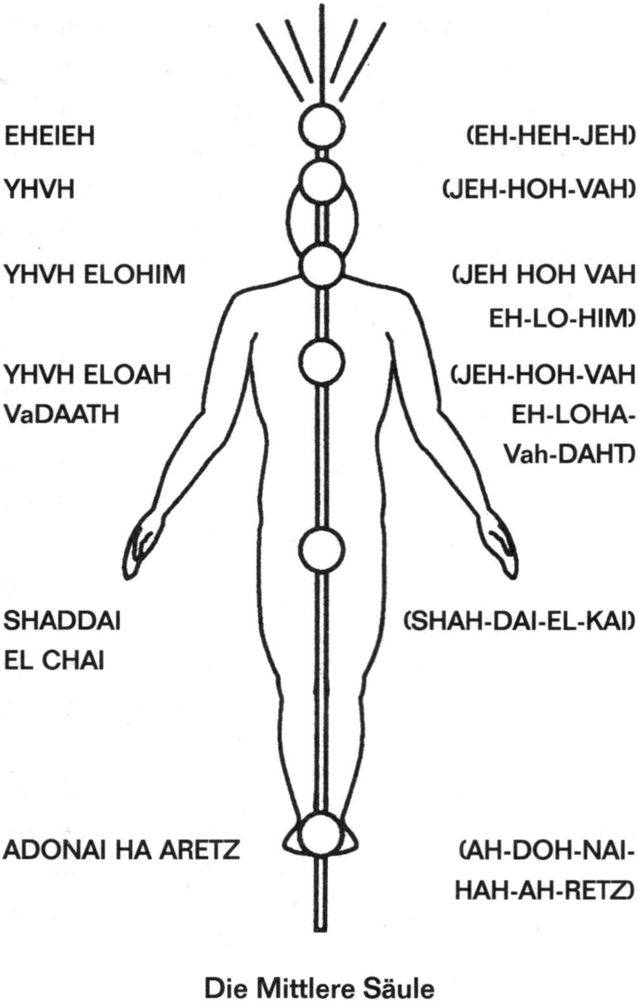


**Die Mittlere Säule**

Stell dir nun einen Lichtstrahl vor, der aus dieser Sphäre herabkommt, um eine zweite Sphäre im Bereich der Stirn zu formen. Stimme nun leise den Gottesnamen YHVH (JEH-HOH-VAH) an. Sieh und spür, wie sein Klang diese Körperpartie erfüllt. Fühl, wie dein inneres Auge Energie aufnimmt und lebendig wird. Wiederhole das Ganze fünf- bis zehnmal, während du spürst, wie die Energie immer stärker wird.

Von der zweiten Sphäre steigt nun ein Lichtstrahl herab, um eine dritte Sphäre kristallinen Lichts im Bereich des Kehlkopfs zu bilden. Lass den Gottesnamen YHVH ELOHIM (JEH-HOH-VAH-EH-LO-HIM) schwingen. Sieh und fühle, wie diese Lichtsphäre mit lebendiger Resonanz erstrahlt. Wiederhole auch dies fünf- bis zehnmal.

Von der dritten Sphäre steigt der Lichtstrahl zum Bereich des Herzens hinab, um einen vierten Lichtball zu formen. Er wird lebendig durch das Anstimmen des Gottesnamens YHVH ELOAH VaDAATH (JEH-HOH-VAH-EH-LOHA-Vah-DAHT). Fünf- bis zehnmal wiederholen.

Halt inne und visualisiere nun einen Lichtstrahl, der vom Herzen herabsteigt und eine fünfte Sphäre in der Leistengegend bildet. Sieh, wie sie jedes Mal mit kristalliner Brillanz erstrahlt, wenn der Gottesname SHADDAI EL CHAI (SHAH-DAI-EL-KAI) angestimmt wird. Wiederhole das fünf- bis zehnmal.

Stell dir nun einen Lichtstrahl vor, der von dieser fünften Sphäre nach unten zu den Füßen verläuft. Hier bildet sich ein sechster kristalliner Lichtball, und der Strahl verläuft weiter nach unten bis ins Herz der Erde. Er erdet dich und bringt dich ins Gleichgewicht. Sieh, während du den Gottesnamen ADONAI HA ARETZ (AH-DOH-NAI-HAH-AH-RETZ) intonierst, wie die sechste Sphäre des Lichts sich auftut.

Du hast nun die Mittlere Säule des Gleichgewichts hergestellt, die von den Himmeln herabsteigt und durch dich hindurch bis zum Herzen der Erde führt. Du hast die inneren Zentren des Lichts aktiviert, die dich stärken, beschützen und deine geistige Vision erwecken.

Bring deine Aufmerksamkeit wieder zurück zum Scheitelpunkt des Kopfs und fang an, rhythmisch zu atmen. Während du langsam ausatmest und dabei bis vier zählst, sieh und fühle, wie die Energie die linke Seite deines Körpers hinabströmt. Atme ein, während du bis vier zählst, und zieh die Energie auf der rechten Körperseite hoch. Wiederhole dies vier- bis fünfmal.

Nun verändert sich die Energie. Sieh und fühl beim Ausatmen (wieder bis vier zählen) den Energiestrom, der auf der Vorderseite deines Körpers nach unten verläuft. Erlaube diesem Strom, beim Einatmen an deinem Rücken hochzusteigen. Wiederhole es vier- bis fünfmal.

Richte nun deine Aufmerksamkeit auf deine Füße. Fühl die Energie, die dort gebündelt ist. Während du einatmest, wird nun das regenbogenfarbene Licht durch die Säule nach oben bis zum Scheitelpunkt deines Kopfs gezogen. Während du ausatmest, versprühst du das Regenbogenlicht aus der Oberseite des Kopfs, um die gesamte Aura mit Licht und Energie zu füllen. Wiederhole dies vier- bis fünfmal. Halt nun inne und erlaub dir, in diesem strahlenden Energiefeld zu schwelgen.

Nachdem du diese Übung mehrere Male gemacht hast, wird dir bewusst werden, welche Auswirkung sie auf dich hat. Wenn du dich dann am Ende der Übung in dieser erneuerten Energie wohl fühlst, kannst du dich den geistigen Wesen öffnen.

Halt dabei deine Augen geschlossen und breite deine Sinne nach außen hin aus. Achte auf jede neue oder andere Empfindung, besonders auf diejenigen, welche du normalerweise nicht fühlst, wenn du diese Übung machst. Hast du das Gefühl, dass irgendwer gegenwärtig ist? Gibt es eine bestimmte Farbe, die vor deinem inneren Auge auftaucht? Fühlst du ein Kribbeln, einen Druck oder eine Veränderung der Temperatur? Gibt es irgendwelche Düfte? Nimmst du irgendetwas wahr, was anders ist als sonst?

Du musst nichts erzwingen. Die neuen Eindrücke werden nach und nach auf natürliche Weise kommen, wenn dein Energiefeld durch die Übung der Mittleren Säule stärker und sensibler wird.

Stell im Geiste Fragen: »Ist dort ein Geistführer in meiner Nähe?« – »Bist du ein Mann oder eine Frau?« – »Kannst du dich durch eine Berührung zu erkennen geben?« Halt still und gebrauch deine Sinne. Wenn du etwas fühlst, bitte um eine Wiederholung. Dadurch kannst du sicherstellen, dass du es dir nicht eingebildet hast.

Wenn du keine Berührung spürst, bitte um das Erscheinen einer Farbe, eines Symbols, eines Dufts oder eines Gesichts. Bitte um eine Form der Identifizierung. Lass dich nicht entmutigen, falls du sie nicht gleich erhältst. Wenn du nicht lockerlässt, werden deine Bemühungen erfolgreich sein.

Frag weiter, sofern du eine Antwort bekommst: nach dem Namen, dem Zweck des Erscheinens. Stell dir vor, dass du dich mit diesem Wesen unterhältst. Wenn dir ein Symbol erscheint, dann halt es dir vor Augen und stell dir vor, dass eine Stimme von ihm ausgeht, um deine Fragen zu beantworten. Wenn es eine Farbe ist, dann imaginiere, dass ein großer, glühender Ball dieser Farbe direkt vor dir ist, aus dem du die Stimme hörst. Handelt es sich um eine Berührung, dann erfühle, wo sich dein Geistführer gerade befinden könnte. Du weißt, dass die Imagination uns hilft, Zugang zum Unterbewusstsein zu finden, das mit allen feinstofflichen Energien und Wesenheiten in unserem Umfeld in Verbindung ist.

### *Die Mystische Hochzeit*

Diese Übung aktiviert die oberen vier Chakren und richtet sie aus. Die Chakren sind nach indischer Vorstellung feinstoffliche Energiezentren unseres Körpers. Die Übung verstärkt den Energiefluss zu ihnen hin und ermöglicht einen besseren Gebrauch unserer intuitiven Fähigkeiten und unseres Höheren Selbst. Dies wiederum erleichtert die Wahrnehmung unserer Geistführer. Nimm dir bei dieser Übung genug Zeit und achte auf die genaue Abfolge. Sie hilft dir, in einen anderen Bewusstseinszustand zu kommen oder »Alphawellen« zu erzeugen, mit deren Hilfe du Geistwesen leichter sehen kannst:

- Fokussiere deine Aufmerksamkeit, deine Bewusstheit, auf das Dritte Auge oder Stirnchakra, den Bereich zwischen den Augenbrauen. Es ist der Sitz unserer Intuition und das Zentrum, das die physische Vision des feinstofflichen Lebensbereichs ermöglicht.
- Stell dir vor, dass dieser Bereich in brillant funkelndem, kristallinem Licht erstrahlt. Sieh, während du einatmest, wie der Bereich von diesem Licht erhellt wird, und fühl, wie er sich erwärmt. Halt deinen Atem an und zähl bis zehn. Atme langsam aus und wiederhol das Ganze dreimal.
- Zieh nun das Licht beim Einatmen von der Stirn nach hinten durch den Kopf zu einer Stelle in der Nähe des Kopfscheitelpunkts. Hier befindet sich das Kronenchakra. Dieses Energiezentrum erweckt das Bewusstsein des Höheren Selbst und der Vereinigung mit der geistigen Welt.
- Während du visualisierst, wie diese Lichtkugel sich nach hinten bewegt, stell dir auch eine Brücke aus Licht vor –

eine Regenbogenbrücke –, die sich zwischen der Stirn und dem Kronenchakra bildet. Sieh, wie sie vor lauter Energie schimmert, und fühl, wie warm sie ist.

- Halt den Fokus des Lichts im Bereich des Kronenchakras, zähl bis zehn und atme dann langsam aus. Wiederhole alles dreimal. Fühl, wie Wärme und Energie deinen ganzen Kopf füllen.
- Bring nun dein Bewusstsein in der Form dieses strahlenden Lichts hinunter in den Bereich des Kehlkopfs. Stell dir das Licht als eine Regenbogenbrücke vor, die vom Kronenchakra bis zum Kehlkopf reicht. Hier befindet sich ein weiteres wichtiges Chakra. Es steht in Verbindung mit unserem kreativen Willen und unserer Fähigkeit, Geistwesen sprechen zu hören.
- Fühl beim Einatmen, wie sich dieses Zentrum mit kristalliner Helligkeit füllt. Halt den Atem an und zähl bis zehn, wie du es schon bei den beiden anderen Zentren gemacht hast, und atme danach langsam aus. Wiederhol das Ganze mindestens dreimal. Stell dir vor, wie das Licht mit jedem Atemzug stärker wird, und fühl die Energie.
- Leite nun das Bewusstsein und die Energie vom Kehlkopf hinunter zum Herzen. Betrachte das Herz als eine weitere Verlängerung der Regenbogenbrücke. Fühl, wie warm der Bereich des Herzens ist, und fang an, kristalline Energie auszustrahlen.
- Atme ein und halt den Atem, während du bis zehn zählst. Fühl, wie sich die Energie verstärkt, während du

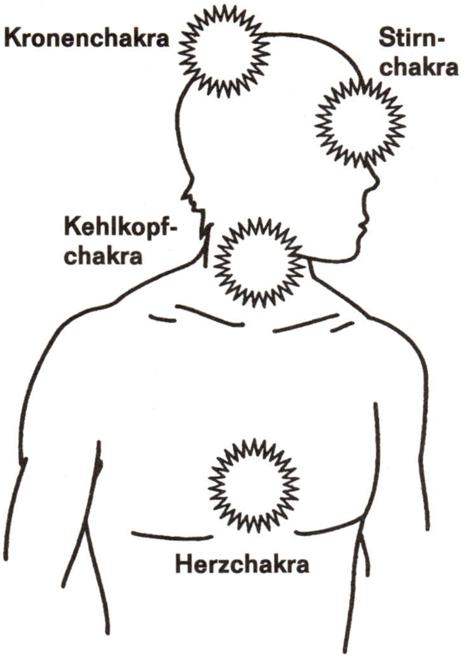


**Die Mystische Hochzeit**

Diese Übung aktiviert die oberen vier Energiezentren und bringt sie in Einklang miteinander. Auf diese Weise wird unsere höhere Wahrnehmung stimuliert, wodurch wir leichter Kontakt zur geistigen Welt aufnehmen können.

den Atem anhältst, und sieh und fühl beim Ausatmen die Verbindung, die du zu den anderen drei Energiezentren hergestellt hast. Atme langsam aus und wiederhole das Ganze mindestens dreimal. Du hast nun die höheren Zentren der Wahrnehmung aktiviert.

- Nun musst du nur noch den Kreislauf vervollständigen. Geh mit deiner bewussten Aufmerksamkeit vom Herzen hoch zum Dritten Auge in der Stirn, sodass die Regenbogenbrücke nun zirkulierend alle vier Zentren miteinander verbindet. Fühl, wie das Stirnchakra dadurch mit neuer Intensität und Energie anwächst.

Diese Beschreibung ist nur ein Vorschlag. Find selbst heraus, wie die Übung am besten für dich funktioniert. Denk daran, dass die höheren Aspekte, die mit diesen Zentren verbunden sind, durch Atmen und Visualisieren stimuliert werden.

An diesem Punkt möchtest du vielleicht deine Wahrnehmung in die unmittelbare Umgebung ausweiten, ähnlich, wie du es zum Schluss der Mittleren Säule getan hast. Fang also an, gezielt zu fühlen und Fragen zu stellen.

Richte deine Sinne nach außen, wenn du zum Schluss der Mystischen Hochzeit einfach entspannt dasitzt. Achte auf alles, was sich anders anfühlt. Spürst du die Gegenwart eines Wesens? Gibt es besondere Farben, Gefühle, Berührungen oder ein spezielles Kribbeln? Hat sich irgendetwas verändert? Achte auf alles, so unwesentlich es auch scheinen mag. Sei dir bewusst, dass diese Übung unsere körperliche und geistige Wahrnehmungsfähigkeit steigert.

Übereile nichts. Die neuen Eindrücke kommen auf natürliche Weise, wenn du damit anfängst, diese höheren Zentren zu aktivieren und zu stärken. Hör nicht auf, Fragen zu stellen, besonders dann, wenn du Antworten erhältst, auch wenn du dir nicht sicher bist, von wem sie stammen. Vergiss nicht, deine Eindrücke festzuhalten. Bedenke, dass sich eine Beziehung nicht schlagartig herstellt. Sie vertieft sich erst Schritt für Schritt im Laufe der Zeit.

Als Auftakt zum nächsten Abschnitt ist diese Übung sogar noch wirksamer. Sie ermöglicht das bildliche Vorstellen und Visualisieren und wird die Wahrnehmung deiner Geistführer in deinem inneren Heiligtum verstärken.

## *Das Erschaffen eines inneren Heiligtums für den Kontakt mit Geistführern*

Eine wirksame Methode, die Wahrnehmung deiner Geistführer zu verstärken, besteht darin, einen besonderen heiligen Raum im Bewusstsein zu schaffen, in den du gehen kannst, um mit ihnen Verbindung aufzunehmen.

Setz deine bildliche Vorstellungskraft ein, um diesen heiligen Ort zu erschaffen. Es sollte ein Platz sein, den du visualisieren kannst und an dem du dich wohl und beschützt fühlst. Es kann ein Bereich des Tempels sein, ein Platz in der Natur oder ein Schloss in den Wolken. Es ist ein Ort der Überschneidung, wo sich der körperliche und der spirituelle Bereich treffen können. Es ist eine Stelle im Herzen und im Bewusstsein, an welcher der Schleier, der die beiden

Welten trennt, nur sehr dünn ist. Es ist eine Lokalität, zu der die Geistwesen kommen können, um mit dir auf deine Art und Weise Kontakt aufzunehmen. Je stärker du den Ort in deinem Bewusstsein machst, desto intensiver werden deine geistigen Kontakte werden, die du von dort aus herstellst.

Das innere Heiligtum gehört dir allein. Du erschaffst es und veränderst es, während du in deiner geistigen Entwicklung voranschreitest. Am Anfang möchtest du vielleicht das folgend beschriebene Szenario herstellen, aber du musst dich nicht auf diese Möglichkeit beschränken. Es ist nur eine von vielen; sie soll dir dabei helfen, dein eigenes inneres Heiligtum zu entwickeln:

- Beginn die Übung, indem du sicherstellst, dass du nicht gestört werden kannst. Zieh zum Beispiel den Telefonstecker heraus oder stell die Haustürklingel ab.
- Gestalte eine schöne Atmosphäre mit Kerzen und einem Duft. Verwende dazu beispielsweise eins der Aromen, die in Kapitel 2 empfohlen werden.
- Schließ deine Augen und lass alles los. Mach eine Entspannungsübung, um dich immer mehr zu relaxen, und atme bewusst. Je entspannter wir sind, desto leichter haben wir Zugang zum Unterbewusstsein, und desto einfacher ist es, auf diesem Weg den Kontakt mit Geistwesen herzustellen.
- Praktiziere die Mystische Hochzeit (siehe oben), denn

sie ist eine ausgezeichnete Vorbereitung auf diese Meditation. Sie stimuliert die Imagination und erweckt die Intuition.

- Visualisiere nun das folgende Szenario und stell es dir in allen Einzelheiten vor. Mach es real mit der kreativen Kraft deines Bewusstseins:

Zieh all deine Energiefelder an dich heran, während du dich entspannst, so als ob dir jemand eine kuschelige, bequeme Steppdecke über die Schultern legt. Du bist entspannt und im inneren Frieden. Da ist ein Gefühl der Vorfreude, denn du bereitest dich gerade auf den Kontakt mit einem deiner Geistführer vor.

In der Dunkelheit deines Bewusstseins beginnt eine Szene Gestalt anzunehmen. Du hörst irgendwo ganz leise Wasser fließen – ein ruhiger, sanfter Fluss muss in unmittelbarer Nähe sein. Du hörst Vögel und fühlst die Wärme der Sonne, die auf dich herabscheint. Du riechst den zarten Duft von Frühlingsblumen und frisch gemähtem Heu. Eine sanfte Brise umspielt dein Gesicht.

Du schaust dich um und bemerkst, dass du dich in einem kleinen, runden Garten befindest. Die Farbe der Blumen hebt sich stark vom Grün des Rasens und der Bäume ab. Der Garten ist umgeben von stattlichen Eichen, die ihre Äste beschützend nach dir ausstrecken.

Du atmest die liebliche Luft tief ein. Du bist entspannt und im Frieden mit dir selbst. Du kennst diesen Ort. Du hast ihn schon einmal gesehen. Vielleicht in deinen Träumen oder in einem früheren Leben – aber das spielt keine Rolle. Du weißt einfach, dass dies dein Hafen ist. Es ist ein Ort, den du aufsuchen kannst, um dich zu heilen und zu erfrischen. Es ist ein Ort des Lebens und des Friedens.

Du bemerkst, dass du auf einem Stein sitzt. Es hat den Anschein, als sei er behauen, um dir als Stuhl in diesem Garten zu dienen. Er gibt dir ein Gefühl der Schwere und Verbundenheit mit der Erde.

Während du dich umschaust und deine Erinnerung an diesen heiligen Ort auffrischst, erkennst du einen Pfad, der von einem entfernten Berg in diesen Garten führt. Der Pfad wird gesäumt von Steinen jeglicher Farbe und Beschaffenheit.

Du siehst, wie der Pfad an der gegenüberliegenden Seite des Gartens weiter verläuft. Er führt aus dem Garten heraus in ein entferntes Tal. Während du dem Pfad mit den Augen folgst, siehst du dein Haus in diesem entfernten Tal.

Dir wird bewusst, dass du dich auf einem Plateau befindest, einer Schnittstelle von Raum und Zeit. Es ist ein inneres Heiligtum, an dem sich das Wirkliche und das Unwirkliche treffen. Es ist ein Ort des Begrenzten und des Unbegrenzten, des Physischen und des Spirituellen. Dass du dies weißt, macht dich frei. An diesem Ort geht es nur darum, »zu sein«.

Während du auf deinem steinernen Stuhl sitzt, siehst du auf dem Pfad, der zum Berg führt, ein kleines, goldenes

Licht, das immer näher zu kommen scheint. Es bewegt sich behutsam auf dein kleines Heiligtum zu.

Das Licht ist weich und warm, und dennoch scheint es mit einer Leuchtkraft, die du noch nie gesehen hast. Als es den äußeren Rand deines Heiligtums erreicht hat, hält es inne – ein großes, pulsierendes, kristallines Licht.

Du beobachtest es und wartest, aber es bewegt sich nicht weiter. Es bleibt einfach außerhalb des Gartens. Zuerst verwirrt dich das, aber dann erinnerst du dich. Dies ist *dein* Garten. Ohne deine Erlaubnis kann ihn niemand betreten. Dieser Gedanke gefällt dir sehr.

Du stehst langsam auf und gehst einen Schritt vorwärts. Du nickst mit dem Kopf und gibst dem Licht die Erlaubnis einzutreten. Das Licht bewegt sich daraufhin weiter, bis es direkt vor dir ist.

Das Licht schimmert. Zarte goldene Fäden strömen aus ihm heraus. Es scheint sich selbst zu entfalten wie eine Blüte, die gerade aufgeht. Während jedes Lichtblatt sich öffnet, erkennst du, dass sich etwas oder jemand darin befindet. Dann siehst du plötzlich ein seltsames Wesen vor dir! Schau es dir an. Stell es dir vor. Sei dir bewusst, dass dies real ist.

Achte darauf, welche Empfindungen du hast, während du dir dieses Wesen anschaust. Gibt es spezielle Farben? Düfte? Fühlst du eine Berührung oder ein Kribbeln in irgendeinem Körperteil? Ist das Wesen männlich oder weiblich? Auch wenn das »Entblättern« nur ein Symbol offenbart hat, kann ein solches Sinnbild männliche oder weibliche Energie ausstrahlen. Vertrau deinen Eindrücken.

Führ in deinen Gedanken ein Gespräch mit dem Wesen. Frag es nach seinem Namen. Was ist seine Aufgabe? Warum ist es zu dir gekommen? Wie kannst du gezielter den Kontakt zu ihm herstellen?

Erzwing keine Antworten. Lass sie auf natürliche Weise kommen. Erlaub dem Wesen, dir etwas über sich mitzuteilen, dir zu erklären, warum es mit dir arbeitet und wie es dir helfen kann, gewisse Ziele zu erreichen. Frag deinen Geistführer, wie du ihn beim nächsten Mal am besten herbeirufen kannst.

Zerbrich dir nicht den Kopf darüber, ob du dir das alles nur einbildest und es lediglich deiner Phantasie entspringt und nicht real ist. Du wärst gar nicht in der Lage, dir all das vorzustellen, wenn nicht irgendetwas real daran wäre.

Bring das Gespräch nun zu einem Abschluss. Frag deinen Führer dennoch, wie du dich vergewissern kannst, dass er wirklich real ist und kein Produkt deiner Phantasie. Frag ihn, ob es etwas in deinem Leben gibt, wovor du dich besser in Acht nimmst. Gibt es etwas Wichtiges, was du wissen solltest? Bitte ihn um eine Berührung, ein Kribbeln oder eine andere körperliche Empfindung zu einer bestimmten Zeit in den nächsten Tagen. Achte darauf, dass deine Bitte vernünftig ist und leicht erfüllt werden kann.

Bedank dich nun bei deinem Geistführer für die Möglichkeit, ihn kennen gelernt zu haben und mit ihm zu arbeiten.

Wenn sich das goldene Licht wieder um ihn zusammenfaltet, solltest du ihn mit deinen besten Gedanken und all deiner Liebe verabschieden.

Während der Geistführer nun deinen Garten verlässt und sich auf dem Pfad zurückbewegt, sitzt du wieder auf deinem Stein. Du begreifst, dass du in diesem inneren Heiligtum all deine Geistführer in deine bewusste Wahrnehmung einladen kannst. Dies ist aufregend, und du freust dich über die Möglichkeit, deinen Horizont auf diese Weise zu erweitern.

Du atmest tief, bist entspannt und lässt das Gespräch noch einmal vor deinem inneren Auge ablaufen. Während du dies tust, fängt der Garten an zu verblassen. Dir wird wieder bewusst, dass du in deinem Zimmer sitzt. Du spürst den inneren Frieden und erinnerst dich an das, was du gerade erlebt hast. Öffne nun langsam und vorsichtig die Augen. Vielleicht nimmst du nun zum ersten Mal bewusst wahr, dass dich Leben und Energien in allen Dimensionen umgeben.

- An diesem Punkt ist es sinnvoll, die Erfahrungen mit deinem Geistführer festzuhalten. Schreib alles auf, was du gesehen, gefühlt und gelernt hast. Deine Aufzeichnungen werden dir dabei helfen, deine Energien im Physischen zu erden und dich an deine individuellen Geistführer zu erinnern.

  Notier auch alle neuen Eindrücke, die du vielleicht über

diesen Geistführer gewonnen hast. Zuweilen kommen uns tiefere Einsichten in die Energie unseres Geistführers, wenn wir unsere Erfahrung schriftlich festhalten. Wir verstehen dann manche Informationen besser, die uns während der Begegnung übermittelt worden sind.

- Verankere dich nun wieder voll und ganz im Materiellen. Wie gesagt kann dies dadurch geschehen, dass du etwas isst oder körperlich aktiv wirst. Auch die Übung der Mittleren Säule (siehe oben) ist eine wirksame Methode, um uns wieder zu zentrieren und zu erden. Sie unterstützt uns dabei, die neue Energie, die wir durch den Kontakt mit der geistigen Welt empfangen haben, aufzunehmen und zu integrieren. Sie hilft außerdem, dass wir uns an die neue Energie gewöhnen, sodass wir im Gleichgewicht bleiben und stärker werden in unserer Fähigkeit, mit der spirituellen Welt zu kommunizieren.

## Überprüfen und Weiterentwickeln des geistigen Kontakts

Wenn du überprüfen möchtest, ob der Kontakt real ist und nicht deiner Phantasie oder purem Wunschdenken entspringt, kannst du dies auf eine Weise tun, die dir dabei hilft, die geistige Kooperation in noch größerem Ausmaß zu nutzen:

- Bitte um eine spezielle Botschaft für dich selbst. Es sollte sich dabei um Informationen handeln, die du auch umsetzen kannst. Sie sollten außerdem in einem überschaubaren Zeitrahmen verifizierbar sein. Auf diese Weise kann die Information leichter bestätigt werden, wodurch sich schneller eine Vertrauensbasis entwickelt. Wenn ich mit einem neuen Geistführer in Berührung komme, bitte ich um Informationen, die im Laufe einer Woche oder nach spätestens zehn Tagen bestätigt werden können. Diese Angaben schwanken natürlich, da sie von der individuellen Aufgabe und Funktion des entsprechenden Geistführers in meinem Leben abhängen.
  Ich könnte zum Beispiel einen Geistführer, der mit mir in geschäftlichen und finanziellen Dingen zusammenarbeitet, um Informationen oder neue Geschäftsmöglichkeiten bitten, die in einem festgesetzten Zeitraum bestätigt werden. Wenn die Information nicht erhärtet werden kann, ist es wichtig, sich die Gründe dafür zu betrachten. Vielleicht war der zur Verfügung stehende Zeitrahmen zu kurz, oder der Geistführer war nicht seriös. Überprüfe die Informationen mehrere Male. Zieh keine Schlussfolgerungen aus nur einem Testdurchlauf. Nicht alles im physischen Bereich kann durch Geistwesen kontrolliert, beeinflusst und verändert werden – und das sollte auch nicht der Fall sein.
- Bitte um Informationen für Freunde. Achte darauf, ob sie zutreffen. Das trägt auch dazu bei, Vertrauen zu schaffen.

- Bitte deine Geistführer um bestimmte Gefälligkeiten, achte aber darauf, dass sie in einem vernünftigen Rahmen bleiben. Einen von ihnen zu fragen, ob er dir dabei hilft, in der Lotterie zu gewinnen, ist keine kluge Sache. Diese Wesenheiten existieren, um uns dabei zu *unterstützen,* dass *wir* unser Leben zum Positiven verändern. Sie sind *nicht* dazu da, dass *sie* es an unserer Stelle tun.
Einen Gefallen, um den du deine Geistführer bitten kannst, ist beispielsweise der, dass sie dir dabei helfen, einen Parkplatz zu finden. Dies funktioniert meistens sehr gut. Visualisiere das Gebiet, in dem du dein Auto abstellen möchtest, schließ deine Augen und bitte deine Führer, dir einen Platz freizuhalten, entweder genau an der von dir gewünschten Stelle oder in unmittelbarer Nähe. Ich muss mir nur ganz selten selbst einen Parkplatz suchen – und meistens auch nur dann, wenn ich vorher vergessen habe, meine Geistführer um diesen Gefallen zu bitten ...
Deine Geistführer können dir Unterstützung in schwierigen Situationen leisten. Denk immer daran, dass sie gewillt sind, dir zu helfen, aber dir nicht alles abzunehmen vermögen. Sie können dir allerdings helfen, wenn du Probleme zu lösen und Auseinandersetzungen zu vermeiden suchst.
Bitte deine Geistführer, dir Träume zu schicken, die nützlich sind, um effektiver mit ihnen zusammenzuarbeiten. Manche von ihnen arbeiten ausschließlich mit

Träumen. Sie können dir zeigen, wie du deine Träume bewusst steuerst.

Du kannst sie auch bitten, dir bestimmte Dinge zu zeigen. Es mag sich dabei um Geschäftsmöglichkeiten handeln, aber auch um bestimmte Menschen, die dir weiterhelfen können. Sie sind in der Lage, uns Türen zu öffnen, wir selbst müssen aber durch diese Türen gehen!

- Mach hin und wieder einen Spaziergang mit deinen Geistführern. Setz während der Meditation eine bestimmte Zeit dafür fest und bitte deinen Lehrer, sich dir anzuschließen. Führ dann während des Gehens Gespräche mit ihm. Sieh dies als eine Form inspirierender Meditation.

# Kapitel 4: Medien und Channel

Medien und Channel, also »Kanäle« für übersinnliche Informationen aus der geistigen Welt, sind kein Phänomen unserer heutigen Zeit. Schon immer hat die Menschheit mit Geistwesen, Engeln und Verstorbenen kommuniziert. Im Altertum war das Orakel von Delphi wahrscheinlich das berühmteste. An den Hängen des Parnass gab es einen langen, tiefen Spalt im Felsen, aus dem Dampfschwaden hervorquollen. Hier befand sich der Tempel des Apollo, des Gottes der Prophezeiung. Eine Priesterin namens Pythia saß auf einem Dreifuß über dem Austrittsloch der Dampfschwaden. Diese erzeugten nach einiger Zeit einen tranceähnlichen Zustand, sodass sie auf eine Weise sprach, die als göttlich inspiriert angesehen wurde. Einmal im Monat wurden von diesem Orakel Fragen beantwortet und Prophezeiungen ausgesprochen.

Selbst in der westlichen Welt, in der christliche Fundamentalisten solche Aktivitäten schnell als Ausgeburt des Bösen darstellen, gibt es hierfür Belege in den Schriften. Die biblische Hexe von Endor stand mit König Saul im geistigen Bereich in Verbindung, und sogar Jesus unterhielt sich mit Moses und Elija in Anwesenheit der Apostel Petrus, Jakob und Johannes.[5] Dies sind nur zwei von vielen Hinweisen in dieser Richtung.

In relativ neuerer Zeit hat die Kommunikation mit der geistigen Welt eine Wiedergeburt und ein starkes Wachstum erlebt. Im Jahre 1843 lenkte ein Quasi-Analphabet namens Andrew Jackson Davis die allgemeine Aufmerksamkeit auf die geistigen Welt, da er in der Lage war, sich aus ihr das Wissen zu holen, das er zum Heilen von Krankheiten brauchte. Er wurde bekannt als der Seher von Poughkeepsie.

Die Fox-Schwestern (Katie und Margaret) werden als erste spirituelle Medien der Vereinigten Staaten betrachtet. Im Jahr 1848 hörten sie Klopfzeichen, die sich als Kommunikationen geistiger Wesen herausstellten. Indem sie den Informationen nachgingen, fanden die Mädchen heraus, dass der frühere Bewohner des Hauses ermordet worden war. Obgleich Forscher des Paranormalen es für möglich halten, dass sie – aufgrund ihres jugendlichen Alters – Poltergeistenergien angezogen hätten, führten ihre Aktivitäten zu einem großen öffentlichen Interesse an spirituellen Dingen.

Die Geburt des modernen Spiritualismus um 1850 führte dazu, dass zur vorletzten Jahrhundertwende berühmte Persönlichkeiten wie Arthur Ford großen Einfluss hatten. Ford war ein Medium aus Philadelphia, das nach eigenen

[5] Matth. 17, 1–8.

Angaben während seiner Séancen Kontakt zu dem verstorbenen Sohn von Bischof James A. Pike hergestellt hatte. Er half, die Spiritual Frontiers Fellowship zu etablieren, die sich damit rühmte, Führer aller großen Glaubensgemeinschaften als Mitglieder zu führen.

Eines der berühmtesten und einflussreichsten Medien seiner Zeit war Edgar Cayce (1877–1945). Er stammte aus Hopkinsville in Kentucky und war ein tiefreligiöser Mann. Als Kind sprach er mit einem Engel und hatte Visionen von seinem toten Großvater. Im Trancezustand behandelte er über 30 000 Patienten. Er machte erfolgreiche Weissagungen über Gesundheit, persönliche Dinge und soziale Angelegenheiten und gab ausführliche Vorhersagen über geologische Veränderungen und Weltereignisse. Je bekannter Cayce wurde, desto mehr wuchs auch das allgemeine Bewusstsein über die Möglichkeit des direkten Kontakts mit der geistigen Welt.

Die Medien und Orakel der Vergangenheit nennen sich seit einiger Zeit »Channel«. Zu ihnen gehört J. Z. Knight und ihre Kommunikation mit dem 35 000 Jahre alten Geistwesen Ramtha, aber auch Personen wie Jane Roberts, die Seth gechannelt hat, oder Jach Pursel und ihr Kontakt mit einem Wesen namens Lazaris – um nur einige wenige zu nennen.

Was aber ist nun ein Medium oder ein Channel? In der spirituellen Literatur wird ein Medium definiert als jemand, »dessen Organismus empfänglich für die Schwingungen der geistigen Welt ist und durch dessen Mittlerschaft Intelligenzen aus jener Welt Botschaften überbringen oder bestimmte Phänomene erzeugen«. Obwohl diese Beschreibung auch auf das Channeling zutrifft, versteht man unter diesem Begriff noch viel mehr, denn ein Medium ist im allgemeinen Sprachgebrauch jemand, der den Kontakt zu Verstorbenen herstellt und dadurch das Weiterleben nach dem Tod beweist.

Das Channeling impliziert auch eine Empfindsamkeit gegenüber der geistigen Welt, aber es wurde zu einem generellen Begriff für die meisten Formen und Phänomene der übersinnlichen oder kreativen Lebensbereiche. Wer eine schöpferische Inspiration hat, sagt oft, er habe sie aus einer jenseitigen Quelle empfangen – die meistens allerdings nicht näher definiert werden kann. Ein Schauspieler etwa sagt, er channele seine Rolle, und wenn ein Künstler ein geniales Bild malt, glauben viele, er werde von überirdischen Kräften inspiriert, obgleich viele in ihm nur einen talentierten Darsteller sehen. Diese wenigen Beispiele zeigen schon, dass der Begriff »Channeling« heutzutage für mannigfaltige Phänomene benutzt wird.

Wenn jemand intuitiv veranlagt ist, dann channelt er Wahrnehmungen vom Höheren Selbst oder der Seele. Hat man eine neue Form des Heilens gefunden, einen bisher nicht gedachten Gedanken vorgestellt, eine vorher unbekannte Wahrnehmung erfahren, eine innovative Lösung für ein Problem entdeckt oder eine geniale Erfindung gemacht, so kann man davon ausgehen, das man dieses »Know-how«

in irgendeiner Weise »channelt«. Das Channeling kann durch die tatsächliche Begegnung mit einem Geistführer zustande kommen, aber auch nur durch einen vorgestellten Kontakt, der deiner eigenen Intuition entspringt. Die Schwierigkeit besteht darin, die Quelle genau zu bestimmen, aus der das »Material« stammt, und auf diese Weise seine »Rechtmäßigkeit« zu bestätigen.

Die meisten Menschen glauben, dass es Ebenen und Dimensionen der Realität gibt, die über das Physische hinausgehen. Wenn das der Fall ist, dann sollte es auch möglich sein, mit diesen Bereichen in Verbindung zu treten. Hellsichtigkeit und Channeling sind Formen einer Kommunikation, die zwischen jenen Ebenen und Dimensionen stattfindet. Ob dies durch Telepathie geschieht (obgleich einige glauben, sie könne nur zwischen zwei inkarnierten Personen stattfinden), durch Intuition, Trance oder welche Form veränderten Bewusstseins auch immer, ist letztlich irrelevant. Allein die Botschaft, der Inhalt der Kommunikation, bestimmt den Wert des Übermittelten. Nur die Genauigkeit der Information liefert den wirklichen Beweis.

Viele Menschen glauben, dass die Botschaften nur zu Personen kommen, die unzufrieden mit ihrem Leben sind und nicht wissen, was sie mit sich anfangen sollen. Einige dieser Informationen sind für solche Menschen nichts weiter als leere Gemeinplätze. Manche Channel und Medien benutzen fiktive Geschichten und Wunschdenken, um die Aufmerksamkeit auf sich zu lenken. Sie ziehen materielle Vorteile aus diesem »modernen spirituellen Kaufmannsladen«. Andere, die das vermeintliche Glück hatten, dass ihnen Aufmerksamkeit zuteil wurde, benutzen mittlerweile einen Pseudowortlaut und behaupten, dass ihr Material nur aus zuverlässigen, aber leider nicht nachweisbaren Quellen stamme – und sie haben manchmal sogar großen Erfolg damit.

Manche Channel glauben fälschlicherweise, dass sie in wirklichem Kontakt mit einem besonderen Wesen oder Meister stehen. Eine Person, die zum Beispiel behauptet, mit Jesus zu kommunizieren, channelt in Wirklichkeit vielleicht gar nicht Jesus, und sie projiziert vielmehr das, was ihrem Verstehen nach die »Energie« des Heilands ist. Sie kann dieses Phänomen halt einfach nicht anders beschreiben. Dies ist nicht von sich aus falsch, aber es führt in die falsche Richtung. Es zeigt, wie wichtig es ist, sich in geistigen Dingen auszukennen und über eine bestimmte Reife auf diesem Gebiet zu verfügen, bevor man anfängt, zu channeln und andere Menschen zu beraten.

Bedeutet dies, wir sollten alle Aspekte des geistigen Kontakts und des Channelings ignorieren? Natürlich nicht. Es gibt durchaus Eingebungen, die durch ihren Informationsgehalt eindeutig beweisen, dass es feinstoffliche Bereiche gibt. Zu ihnen gehören Kontakte mit Verstorbenen, die Kommunikation mit Lehrern und Meistern, die Begegnung mit Engeln und Naturgeistern und gar Verbindungen zu außerirdischem Leben. Die Schwierigkeit liegt darin, das

Richtige vom Falschen zu trennen, das Wirkliche vom Illusorischen.

Es ist eine sehr kraftvolle und magische Zeit, in der wir leben, eine Epoche höherer Anforderungen und höherer Energie. Es ist eine Zeit, in der wir mehr über die mystischen Aspekte des Lebens wissen und wahrnehmen. Und ebendeshalb sind ein genaueres Unterscheidungsvermögen und eine größere Sorgfalt im Entwicklungsprozess sehr wichtig.

Durch den wesentlich leichteren Zugang zu Informationen aller Art gibt es auch einen enormen Zufluss an Lehrern in den metaphysischen und übersinnlichen Themenbereichen. Viele von ihnen haben keine fundierte Ausbildung und keinen ausreichenden Erfahrungshintergrund. Sie haben nicht gelernt, das, was ihnen beigebracht wurde, unbeeinflusst zu überprüfen. Ein wirklicher Lernprozess braucht seine Zeit, und die meisten sind nicht bereit, die Ausdauer und Energie zu investieren, die notwendig sind, um wahres Wissen und wirkliche Urteilskraft zu erlangen. Viele wollen diesen Teil der Verantwortung nicht übernehmen.

Es gibt schnelle Wege, um den Schleier zu höheren Wahrnehmungen und erhöhten Bewusstseinsebenen zu zerreißen und gleichzeitig direkten Kontakt mit jenseitigen Wesenheiten herzustellen. Wenn die Drähte die Ladung jedoch nicht leiten können, wird der Energiefluss verzerrt, unterbrochen oder fehlgedeutet. Das okkultistische Übermitteln durch ein Medium ist heute sehr populär, und es gibt Zeitgenossen, die das Erlernen von Trance-Channeling in einem Wochenend-Workshop oder einem Wochenseminar anbieten. Dies kann sehr gefährlich sein, besonders wenn die Energie des Schülers nicht sorgfältig gereinigt, geklärt, gestärkt und vorbereitet ist.

Vielfach glauben die Menschen, die nur über ein Teilwissen verfügen, dass sie die ganze Sache beherrschen – was natürlich in Wirklichkeit nicht der Fall ist. Selbst wenn die Techniken in früheren Leben erlernt worden sind (was viele Channel für eine ausreichende Befähigung halten), so bedarf es doch einer sorgfältigen Ausbildung, um diese Techniken wieder in positiver Weise nutzen zu können. Unabhängig davon, welchen Grad der Einweihung eine Seele in der Vergangenheit durchlaufen hat – selbst wenn sie in der vorangegangenen Inkarnation ein Meister war –, muss sie dennoch die niedrigeren Daseinsbereiche aufs Neue beherrschen lernen und durch wiederholte Anstrengung wieder Zugang zum Höheren Selbst finden. Sogar der Meister Jesus musste diesen Prozess durchlaufen.

Damit ein wirkliches Channeling in nutzbringender Weise stattfinden kann, sind eine individuelle Vorbereitung und Reinigung unerlässlich. Hierzu gehört ein größeres, wirklich fundiertes Wissen der spirituellen Wissenschaft. Oberflächliche Techniken und Lernmethoden würden dich nicht lange bei der Stange halten. Sosehr du dich auch bemühtest, an einem gewissen Punkt würde deine Energie zusammenbrechen, und zwar physisch, emotional, mental und spirituell.

Der Schlüssel liegt darin, dass du die Funktionsweise des ätherischen Körpers verstehst. Er ist einer der feinstofflichen Körper, die wir in Kapitel 1 angesprochen haben. Es handelt sich um den dichtesten der nichtphysischen Körper. Er vitalisiert, energetisiert und beschützt das physische Vehikel und dient dazu, das Bewusstsein im physischen Leben zu verankern. Er schirmt uns darüber hinaus von den noch feineren Energien und Dimensionen des Lebens ab, sodass wir nicht allzu sehr von ihnen abgelenkt werden. Unser primärer Fokus liegt im Physischen. Dieses Energieband wird normalerweise zuerst von jemandem wahrgenommen, der daran arbeitet, die Aura zu sehen.

Das Ätherische legt sich um den physischen Körper in der Zeit zwischen Geburt und Pubertät, meistens im Alter zwischen vier und acht Jahren. Bevor der ätherische Körper sich vollständig gebildet hat, haben wir eine stärkere Verbindung zur astralen Ebene (einer noch feinstofflicheren Dimension, die mit dem Physischen verbunden ist). Sie wird nicht durch das Ätherische herausgefiltert. Aus diesem Grund sind viele der bereits genannten scheinbar imaginären Freunde von kleinen Kindern in Wirklichkeit gar nicht so imaginär. Es handelt sich einfach um Wesen, die auf dieser Ebene existieren.

Wenn der ätherische Körper sich erst einmal gebildet hat, werden die subtilen Energien aus der bewussten Wahrnehmung herausgesiebt, und nur das Unterbewusstsein ist noch in der Lage, sie wahrzunehmen. Während wir wachsen und reifer werden, können wir daran arbeiten, unsere bewusste Wahrnehmung wieder für diese feinenergetischen Sphären zu öffnen. Um dazu fähig zu sein, müssen wir lernen, unser Bewusstsein durch den ätherischen hindurch in die jenseitigen Bereiche auszuweiten.

Zwischen dem ätherischen und dem astralen Bereich befindet sich ein dünnes Energieband, das manchmal als »atomarer« Schutzschild bezeichnet wird. Es besteht aus einer dünnen Schicht von Atomen, die die stärkeren astralen Energien aus dem physischen Bewusstsein herausfiltern. Diese Energien sind die stärksten Gefühle und Emotionen, die auf uns einwirken können.

Wenn wir mit der aktiven Entwicklung unserer Wahrnehmungsfähigkeiten beginnen, müssen wir dieses Feld durchlässig machen. Wir müssen es strecken und seine Flexibilität erhöhen. Auf diese Weise können wir unser Bewusstsein auf die astrale Dimension und über sie hinaus ausweiten. Das Strecken sollte jedoch sehr vorsichtig geschehen. Es ist vergleichbar mit einem leichten Aufwärmen vor einer anstrengenden körperlichen Bewegung und dient dazu, Verletzungen vorzubeugen. Wenn es unser Wunsch ist, uns an Turnwettkämpfen zu beteiligen, würden wir ja auch über einen langen Zeitraum hinweg täglich trainieren und an unserer Kraft und Beweglichkeit arbeiten, bevor wir jemals versuchten, eine zu schwierige Übung zu turnen.

Der Einsatz von ungeeigneten Entwicklungstechniken kann zu Problemen in deinem Energiefeld führen. Alle

Punkte in der nachfolgenden Auflistung können dich anfällig machen für Risse und Löcher in deinem ätherischen Energiefeld:

- das Benutzen von Drogen,
- ein zu schnelles Fallen in den Trancezustand,
- der Mangel an zielgerichteten, kontinuierlichen Bemühungen,
- ein Mangel an erforderlichem Wissen,
- die Unfähigkeit, deine Energien zu kontrollieren,
- die Tatsache, dass du dich nicht um alle Aspekte deiner Gesundheit kümmerst,
- ein Mangel an Bewegung und frischer Luft,
- schlechte Ernährung,
- negative Angewohnheiten oder
- fortdauernder Stress, Umwälzungen, Sorgen und emotionale bzw. mentale Traumata.

Wurde der atomare Schutzschild erst einmal verletzt, wird es nicht einfach sein, energetische Einflüsse von außen so lange abzuwehren, bis er wieder voll funktionsfähig ist. Aus diesem Grund kann es notwendig sein, alle okkulten oder metaphysischen Aktivitäten für einen längeren Zeitraum einzustellen.

Viele bekannte Persönlichkeiten, die durch spezielle Methoden schnell in Trance fallen und sich den feinstofflichen Bereichen öffnen, bekommen zunehmend Schwierigkeiten mit ihrem Leben. Dazu gehören körperliche Gesundheitsprobleme, emotionale und mentale Ungleichgewichte usw. Am Anfang haben sie sich vielleicht sehr hohen und positiven Energien und Wesen geöffnet. Aber aufgrund der Art und Weise, wie sie diese Öffnung hergestellt haben (durch einen Riss im Schutzschild), kommen im Lauf der Zeit auch andere Wesen und Energien und treiben ihr Spiel mit ihnen. Die Betroffenen waren dann nicht in der Lage, sich 24 Stunden am Tag vor Eindringlingen von außen zu schützen, obwohl dies notwendig gewesen wäre und ist, wenn eine Störung des Energiefelds vorliegt.

Mithilfe der Übungen in diesem Buch wirst du dein eigenes Energiefeld stärken, sodass du dich auf sichere und zunehmend bewusstere Weise auf die geistige Welt eintunen kannst. Versuch nicht, die Dinge zu überstürzen. Jede Übung ist dazu da, dich in diesem Prozess zu unterstützen und die gewünschten Resultate zu bringen. Über einen Zeitraum von mehreren Wochen wirst du das Spiel des feinstofflichen Lebens in deinem physischen Dasein immer mehr wahrnehmen und immer intensiver erfahren. Du befindest dich dann auf dem Weg, mehr zu sein als »bloß« ein Medium oder Channel. Du bereitest dich darauf vor, ein Mediator zu werden – jemand, der bewusst als Vermittler wirkt zwischen der großen Quelle des Lichts, der Liebe und der Kraft und denjenigen, die Kraft, Liebe und Licht brauchen.

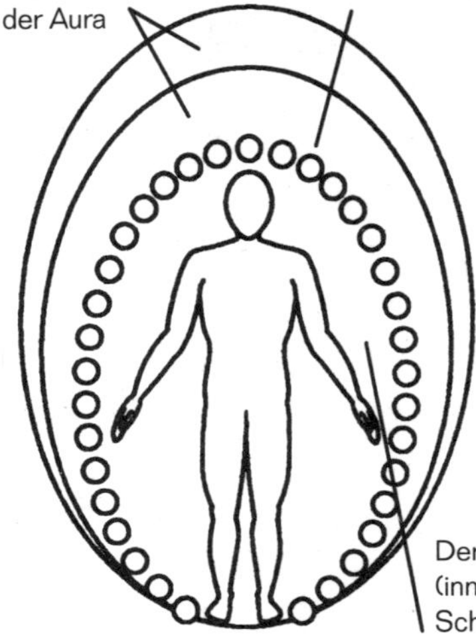


**Der atomare**
**Schutzschild innerhalb des menschlichen Energiefelds**

Der atomare Schutzschild ist ein dünnes Energieband, das den ätherischen vom astralen Körper trennt. Es verankert das Bewusstsein im physischen Leben, indem es die feinstofflicheren Dimensionen abschirmt. Wenn wir anfangen, unsere Wahrnehmung zu erweitern, müssen wir lernen, dieses atomare Band so weit zu strecken und auszudehnen, dass wir unser Bewusstsein hierdurch ausweiten können, ohne es dabei zu zerreißen. Auf diese Weise ist ein bewusster Zugang zu den feinstofflichen Dimensionen möglich. Richtige Meditation, Konzentration, Bewegung, frische Luft, spirituelles Wissen und eine gute allgemeine Gesundheit stärken unsere Fähigkeit, den atomaren Schutzschild erfolgreich zu durchdringen.

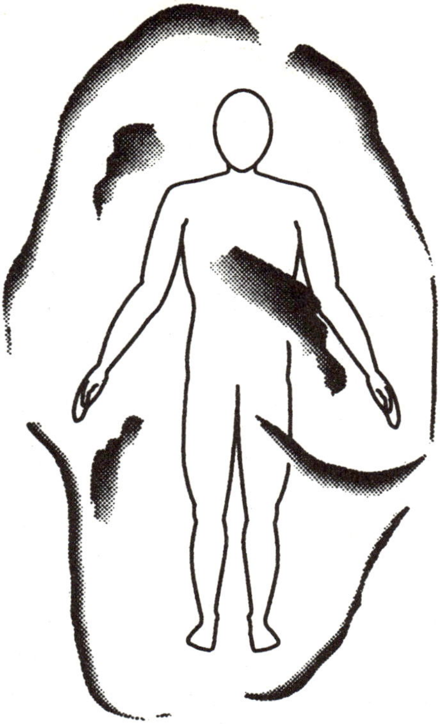

**Eine geschwächte Aura im Ungleichgewicht**

Eine geschwächte Aura, die nicht im Gleichgewicht ist, ist eher in Gefahr, zu zerreißen. Dies führt zu Löchern im Energiefeld, wodurch unser energetisches Niveau sinkt, und fremde Energien und Wesenheiten die Gelegenheit erhalten, in unsere Wahrnehmung einzudringen und dort Verwirrung zu stiften. Eine nicht mehr voll funktionsfähige Aura kann so aussehen wie hier dargestellt.

## Die Wahrheit über den Trancezustand

Der Trancezustand wird oft für das wichtigste Werkzeug, sozusagen das Nonplusultra, im Kontakt mit der geistigen Welt gehalten. Er scheint für viele Menschen die ideale Methode zu sein, um den physischen mit dem nichtphysischen Bereich zu verbinden. Die Trance wird benutzt, um mit Verstorbenen zu kommunizieren oder mit anderen Wesen, von denen man sich Inspiration und Wissen erhofft. Er ist ein veränderter Bewusstseinszustand. Edgar Cayce war wahrscheinlich die bekannteste Persönlichkeit, die mit dem eigenen Trancezustand gearbeitet hat.

»Ein Trance-Channel ist einfach eine Person, die die Fähigkeit entwickelt hat, eine Bewusstseinsebene auszublenden und eine andere Bewusstseinsebene durchkommen zu lassen.«[6] Dies kann natürlich eine andere Bewusstseinsebene in dir selbst oder eine außerhalb von dir sein. Nur wenige Menschen wissen jedoch, dass es unterschiedliche Arten sowie Grade von Trancezuständen gibt. Man sollte sie kennen und auf sie vorbereitet sein.

Gelegentlich gibt es die spontane Fähigkeit, in Trance zu fallen, wie am Beispiel von Edgar Cayce deutlich wird. Dies ist jedoch die Ausnahme und nicht die Regel. Wir sollten daher misstrauisch sein gegenüber Zeitgenossen, die behaupten, dass sich diese Fähigkeit bei ihnen von jetzt auf

[6] Kevin Ryersen: *Spirit Communication*, Bantam Books, New York 1989.

gleich eingestellt habe, entweder als Ergebnis einer Vorbereitung im vergangenen Leben, als Geschenk von Gott, als ein unerklärliches Ereignis in der Gegenwart, als Resultat eines starken Traumas oder sogar als Resultat einer Verletzung. All diese Gründe legen die Vermutung nahe, dass sich ein Riss oder ein Loch in der Aura befindet.

Es gibt zwei Arten von Trance. Die erste ist die vermittelnde Trance, in der Informationen aus der geistigen Welt weitergeleitet werden. Dieser Zustand drückt sich gewöhnlich in einer von wiederum zwei möglichen Formen aus. In der ersten zieht sich das individuelle Ego ganz aus dem physischen Körper zurück und überlässt ihn einem Geistführer oder einem anderen Geistwesen zur Kommunikation. Ein Erinnern der Information ist oft nur in sehr geringem Umfang oder gar nicht möglich. In der zweiten ist die Person, die sich in Trance befindet, ebenfalls extrem passiv und empfänglich wie in der ersten, aber es findet kein vollständiger Rückzug aus dem Körper statt. Dieser aufnahmefähige Zustand ermöglicht es dem Geistwesen, den persönlichen Charakter und das Ego des Mediums zu überdecken und außer Kraft zu setzen. Beide Varianten dieser vermittelnden Trance sind passive Zustände. Es handelt sich dabei *nicht* um aktive Fähigkeiten.

Die zweite Art könnte man »schamanistische Trance« nennen. Sie ist die Grundlage für die Visionssuche oder die schamanistische Reise. Auch hierbei zieht sich das individuelle Ego aus dem physischen Körper zurück, bleibt aber in der Zwischenzeit geschützt. Die Seele erkundet dann andere Dimensionen, kommuniziert aktiv mit Geistführern und weiteren Wesenheiten. Schließlich kehrt sie mit den gewonnenen Eindrücken bewusst und mit voller Erinnerung in den Körper zurück. In dieser Art von Trance bleibt man aktiv und behält die Kontrolle.

Wie alle veränderten Bewusstseinszustände lässt sich auch die Trance leicht durch geführte Bildmeditationen und Visualisierungen entwickeln. Diese Hilfsmittel dienen dazu, eine Brücke zwischen der physischen und der ätherischeren Welt herzustellen. Sie helfen uns dabei, unsere Gedanken zu kontrollieren. Wenn du deinen Geist mit Bildern beruhigst und ausrichtest, können die inneren Bereiche leichter in dein Bewusstsein treten, und es ist dann einfacher, in einen bewussten Austausch mit diesen Sphären zu gelangen.

Die meisten okkulten Techniken zur Herstellung eines Kontakts zur geistigen Welt sind relativ einfach. Sie basieren auf wirksamen Meditationstechniken, die jeder erlernen kann.

Diese Techniken gründen sich auf drei fundamentalen Fähigkeiten, die es zu entwickeln gilt: Visualisieren, Konzentration und kreative Imagination. Diese Fähigkeiten führen zu höheren Formen der Inspiration und zu einer vollkommen bewussten, intuitiven Wahrnehmung des geistigen Bereichs:

- *Visualisieren* ist die Fähigkeit, ein geistiges Bild zu erzeugen und es sich konstant im Geist vorzustellen. Dieses Bild sollte so lebensecht sein wie Dinge im körperlichen Bereich. Eine einfache Übung besteht darin, sich eine Orange vorzustellen und klar und deutlich ihre Gestalt, ihre Größe und ihre Farbe vor sich zu sehen. Fühl ihre Schale, während du sie mit deinen Fingern fest hältst, um sie zu schälen. Achte auf ihren Duft, wenn der Saft herausspritzt. Erschaff dann ein Bild von ihrem Geschmack.
- *Konzentration* ist die Kunst, sich ein geistiges Bild vorzustellen, ohne mit den Gedanken abzuschweifen. Wir sollten lernen, uns so zu konzentrieren, dass wir in der Lage sind, an einem Bild festzuhalten und alle anderen auszuschließen. Schließ deine Augen und zähl langsam bis zehn. Konzentrier dich vollständig auf eine Zahl, bis die nächste ertönt. Wenn du merkst, dass deine Gedanken umherwandern und du Dinge denkst wie: »Oh, dies ist gar nicht so schwer«, dann solltest du stärker an deiner Konzentration arbeiten. Du solltest in der Lage sein, langsam bis hundert zu zählen, ohne dabei abgelenkt zu werden. (Wenn du Mitglied einer Meditationsgruppe bist, können wechselnde Gruppenmitglieder vor jedem Treffen als »Aufwärmübung« bis zehn oder zwanzig zählen. Zähl nicht in einem festen Rhythmus oder einer bestimmten Geschwindigkeit, damit die nächste Zahl nicht vorweggenommen werden kann. Dies erfordert eine größere Konzentration.)

- Die dritte Fähigkeit ist *kreative Imagination.* Mit ihrer Hilfe erschafft der Geist schöpferisch Bilder und Szenen, die mit dem Ziel der Meditation in Verbindung stehen. Diese geistig erzeugten Bilder sollten dreidimensional sein. Sie sind wie ein hochkonzentrierter Tag- oder wirklicher Traum, der dich vollkommen in seinen Bann zieht, sodass du das Bewusstsein der normalen Realität verlierst, die dich umgibt. Diese kreative Imagination oder imaginäre Wahrnehmung ist eine wichtige Fähigkeit, wenn du die Türen zu geistigen Energien und Wesen öffnen willst.

Wie können wir unterscheiden, ob unsere Erfahrung eine Widerspiegelung unserer kreativen Imagination oder ein wirklicher geistiger Kontakt ist? Wenn wir zu meditieren anfangen, beobachten wir, wie wir eine bestimmte Situation erleben, oder wir stellen uns vor, wie wir uns in ihr fühlen würden. In einer wirklichen schamanistischen Reise oder Trance sind wir tatsächlich »in dem«, was wir erleben. Wir fühlen und erleben es aus erster Hand, und daher läuft das Geschehen nicht unbedingt nach einem bestimmten Schema ab.

Die Seele lernt, uns während der Meditation mit Ideen, Bildern und Symbolen zu durchdringen, um unserer Wahrnehmung Einlass in den seelisch-spirituellen Bereich zu ermöglichen. Wenn wir die Fähigkeit entwickeln, mit den Symbolen unserer Meditation zu verschmelzen, fangen wir an, über die Bilder hinaus zu ihrem hochsensiblen Ursprung vorzudringen. Wir bewegen uns von einer passiven Wahrnehmung zu einer bewussten Interaktion, wenn unsere Arbeit und unsere Übungen diese Form annehmen.

Wir öffnen die Türen mit unserer Vorstellungskraft und fangen dann an, den geistigen Bereich mithilfe unserer Inspiration zu erkunden. Dies öffnet uns für direkte geistige Wahrnehmungen, und wir müssen uns nicht länger mit Bildern begnügen, deren Sinn und Bedeutung erst noch zu interpretieren sind.

Während du mit den Übungen in diesem Buch arbeitest, wirst du viele Grade von Trance und veränderten Bewusstseinszuständen kennen lernen. Wenn du entspannt bist, befindest du dich bereits in einer leichten Trance. Im Zustand der Entspannung sind wir nichtphysischen Einflüssen gegenüber offener. Die Atmung sollte dabei ruhig und ausgeglichen sein, als ob du gleich einschlafen würdest. Achte jedoch darauf, dass du nicht das Bewusstsein verlierst. Entspannte Aufmerksamkeit ist die wichtigste Voraussetzung, um in Kontakt mit der geistigen Welt zu kommen.

In tieferer Trance verliert man die bewusste Wahrnehmung seiner Umgebung. In vielerlei Hinsicht ist es mit dem Einschlafen vergleichbar, nur dass du nicht plötzlich zu schnarchen anfängst … (in diesem Buch werden wir uns ausschließlich mit Methoden zur bewussten Kontrolle von solchen Zuständen befassen). Es ist immer vorteilhafter, unsere eigenen Fähigkeiten zu entwickeln und sie bewusst einsetzen zu können, als einfach nur dazusitzen und darauf zu warten, als ein Instrument benutzt zu werden. Bewusst kontrollierter Kontakt mit der geistigen Welt bedeutet, dass du deine Entwicklung selbst in die Hand nimmst.

# Kapitel 5: Techniken für den geistigen Vermittler

Statt lediglich als passives Medium oder Channel zu wirken, sollten wir beim Kontakt mit der geistigen Welt anstreben, ein *bewusster Vermittler* zu sein. Das ist jemand, der die Fähigkeit hat, in vollem Bewusstsein zwischen der großen Quelle des Lichts, der Liebe und der Kraft und denjenigen, die dieses Licht, diese Liebe und diese Kraft brauchen, zu vermitteln. Eine solche Person wird immer wissen, mit wem sie in Kontakt steht und wie sie die entsprechenden Informationen zu bewerten hat. Sie weiß, für wen die Informationen bestimmt sind und auf welche Weise sie die Mitteilungen am besten überbringt, sodass sie dem freien Willen des Empfängers nicht zuwiderhandelt.

Ein bewusster Vermittler kennt die Quelle aller Botschaften genau und ist in der Lage, sie so weiterzugeben, dass der Einzelne etwas damit anfangen kann. Dank wirklich entwickelter geistiger und intuitiver Fähigkeiten weiß er auch, wie der Empfänger wahrscheinlich auf die Botschaft reagieren wird. Der Vermittler ist in der Lage, Informationen zu hinterfragen und zu überprüfen, weil er grundlegend in allen spirituellen Wissensgebieten ausgebildet ist und weil er bewusst mit seinen eigenen Energien umgehen kann. Wer anderen als Medium dient, muss deshalb nicht in all diesen Dingen perfekt sein, aber er sollte stets bestrebt sein, sein Wissen und seine Fertigkeiten immer mehr zu vervollkommnen.

Er sollte sich in allen Phänomenen auskennen, die in den unterschiedlichen feinstofflichen Dimensionen auftreten können, und in der Lage sein, seine Wahrnehmung und Empfänglichkeit willentlich zu steuern. Er darf den Seeleneindrücken nicht hilflos ausgeliefert sein, sondern diese Form der positiven und kontrollierten Intuition bewusst zur richtigen Zeit einsetzen können, und zwar auf die Weise und in dem Grad, wie es für ihn stimmig ist. Wir dürfen nämlich nie vergessen, dass ein Vermittler mit großen karmischen Verantwortlichkeiten und Rückwirkungen zu tun hat.

Leider glauben viele Menschen, die im Kontakt mit der geistigen Welt stehen, dass sie fortgeschritten genug sind, um anderen als Vermittler zu dienen. Eine solche Person kann ihre Fähigkeiten aber niemals voll entwickeln, wenn sie zu schnell mit Dritten arbeitet oder sich sogar gleich an die Öffentlichkeit wagt. Der Kontakt mit der geistigen Welt verändert das Energieniveau. Die Energien müssen sich erst allmählich aufbauen, um stark genug zu sein, alte Zustände in höhere Wahrnehmung umzuformen. Wenn man zu schnell in die Öffentlichkeit tritt, vergeudet man die Energie, die sonst dafür zur Verfügung steht, unsere niedrigeren

Aspekte in höhere Formen der Wahrnehmung zu verwandeln.

Es sollte dir klar sein, dass dich allein die Fähigkeit, mit deinen Geistführern in Kontakt zu treten und zu kommunizieren, noch nicht zu einem bewussten Vermittler macht. Um diese Funktion zu erfüllen, bedarf es einer fundierten Ausbildung und außerordentlicher Fähigkeiten, nicht nur in den spirituellen Wissenschaften, sondern auch hinsichtlich des ethisch-moralischen Verhaltens und der verantwortlichen Beratung anderer Menschen und dergleichen.

Nicht jeder eignet sich zum Vermittler, aber wir alle können von der Kommunikation mit der geistigen Welt profitieren, denn durch den Kontakt und die daraus gewonnenen Informationen wachsen unsere Inspiration, unser Wissen und unsere Fähigkeit zu heilen. Wir erschließen unser volles Potenzial nämlich nicht dadurch, dass wir unsere hellseherischen Kräfte, unsere höher entwickelte Intuition und die Art unseres geistigen Kontakts öffentlich unter Beweis stellen. Unsere Kompetenz reflektiert sich vielmehr in unserem »ganz normalen« Alltag, wo sich zeigt, ob wir unsere Prüfungen bestehen und unseren Verpflichtungen in kreativer Weise nachkommen, sodass wir auf unserem persönlichen Weg voranschreiten.

Der Zweck des Kontakts mit der geistigen Welt liegt nicht in erster Linie darin, hellseherische Kräfte zu entwickeln, sondern die eigene Wahrnehmung zu erweitern. Es geht um die Entwicklung der Fähigkeit, über die physischen Begrenzungen hinauszuschauen. Zu ebendiesem Zweck müssen wir lernen, welche kreativen Möglichkeiten innerhalb dieser Limitierungen existieren und wie wir sie gleichzeitig transzendieren können. Der Kontakt mit der geistigen Welt kann uns helfen, die Großartigkeit des göttlichen Universums wiederzuentdecken und in Ehrfurcht anzuerkennen, dass wir ein natürlicher Bestandteil von ihm sind.

Wenn du ein bewusster Vermittler werden möchtest, helfen dir die nachfolgend beschriebenen Übungen dabei, dein Ziel zu erreichen.

## Das Sitzen in der Gruppe

Das Sitzen in der Gruppe und gemeinsame Meditationen können ein wunderbares Mittel sein, um den Geistkontakt zu initiieren. Es ist meistens das Beste, das Erwachen in der feinstofflichen Welt mit anderen zu beginnen. Gleichgesinnte Menschen, die zu einem gemeinsamen Zweck zusammenkommen, erzeugen eine Energie, die stärker ist und höher schwingt und dadurch den spirituellen Kontakt erleichtert.

Ein Gruppensitzen hilft den einzelnen Teilnehmern auch, sich wohl zu fühlen bei der Vorstellung, mit der geistigen Welt in Kontakt zu treten. Es ist unwahrscheinlicher, dass in solch einem geschützten Rahmen alte, tief sitzende

Ängste und abergläubische Vorurteile in dir hochkommen und deine gegenwärtigen Eindrücke stören und verzerren.

Es wäre gut, wenn wenigstens ein Mitglied der Gruppe sich in diesem Themenbereich auskennte und bereits geistige Wahrnehmungsfähigkeiten entwickelt hätte. Diese Person kann den Prozess steuern und voreilige Trancezustände und unvorhergesehene Probleme abwenden:

- Setzt eure Gruppenmeditation für einmal pro Woche an, wenn es geht, zur selben Zeit und am selben Ort. Auf diese Weise wissen deine Geistführer, wann und wo sie anwesend sein sollen. Jedes Treffen bzw. jedes Sitzen sollte mindestens eine Stunde lang dauern und sich mindestens über einen Zeitraum von drei Monaten erstrecken.
- Achte darauf, dass die Energie im Raum oder in der Umgebung stark ist, und verwende gegebenenfalls entsprechende Hilfsmittel. Zu ihnen gehören Räucherstäbchen, Kerzen und Musik. Manche Gruppen versammeln sich in einem Raum, in dem es ein rotes Licht gibt, um die Energie auf einem hohen Niveau zu halten.
- Vor einem Gruppensitzen solltest du mindestens eine Stunde (am besten sogar drei Stunden) nichts gegessen haben. Wenn der Körper noch verdaut, ist es eher unwahrscheinlich, dass er sich auf subtilere Energien »eintunen« kann. Vorher ein entgiftendes Bad zu nehmen (Genaueres kannst du Kapitel 2 entnehmen), ist ebenfalls sinnvoll. Bestimme im Voraus – und lass alle Teil-

nehmer vorab wissen –, auf welches Symbol, welchen Gedanken oder welches Bild sich die Gruppe an diesem Abend konzentrieren wird.

- Wenn die Gruppe klein genug ist, kann sie an einem Tisch sitzen. Für größere Gruppen sollten Stühle im Kreis aufgestellt werden. Alltagsgespräche vor dem Sitzen sollten in einem anderen Raum stattfinden, damit die Energie nicht gestört wird. Die Gruppe sollte den Raum gleichzeitig betreten. Nachzügler unterbrechen die ausbalancierte Energie und können geistige Kontakte verhindern oder verzögern.
- Der Raum, in dem das Sitzen stattfindet, sollte vorbereitet sein, bevor alle anderen eintreffen. Er muss sauber sein, und Räucherstäbchen sollten bereits brennen.
- Sobald die Gruppe sich geformt und mit dem gemeinsamen Sitzen einmal pro Woche begonnen hat, empfiehlt es sich, keine neuen Mitglieder mehr aufzunehmen. Es braucht seine Zeit, um die Harmonie herzustellen. Erst wenn die Mitglieder der Gruppe mehrmals miteinander gesessen haben, sind die Fäden dieser Harmonie gespannt. Neue Mitglieder würden diese wieder lockern und den gemeinsamen Prozess verlangsamen.
- Sobald jeder Platz genommen hat (es sollte jedes Mal der gleiche sein), signalisiert der Leiter des Abends durch bestimmte Gesten, dass es nun Zeit ist, zur Ruhe zu kommen und sich auf eine Veränderung im Bewusstsein vorzubereiten. Eine solche Geste kann einfach darin be-

stehen, dass eine Kerze angezündet oder eine rote Lampe eingeschaltet wird.

- Das Sitzen sollte damit beginnen, dass sich alle an den Händen fassen und ein Gebet, eine Affirmation oder eine Anrufung usw. sprechen. Dies kann im Chor geschehen, oder abwechselnd ist ein Teilnehmer an der Reihe, um den Text allein vorzutragen. In einigen Gruppen werden traditionellerweise ein oder zwei Lieder gesungen, um die Energie anzuheben.
- An diesem Punkt sollte die gesamte Gruppe die Übungen Mittlere Säule oder Mystische Hochzeit praktizieren (die Mystische Hochzeit kann sehr wirksam zu Beginn eines Sitzens sein, während sich die Mittlere Säule gut als Abschluss eignet [siehe Kapitel 3]). Der ernannte Leiter des Abends sollte dafür die Anleitungen geben. Zum Schluss der Übung kann er die Aufmerksamkeit der Gruppe auf den Kerngedanken oder das grundlegende Bild des Abends lenken. Irgendetwas Allgemeines, wie zum Beispiel der Begriff »Freude« oder ein bestimmtes Symbol, können dafür verwendet werden. Ein kurzer Kommentar, der nicht länger als eine halbe Minute dauern sollte, kann gegebenenfalls Sinn und Zweck erläutern.
- Während die Gruppe über das Thema des Abends meditiert, wird eine allgemeine Entspannung oder eine leichte Trance eintreten. Achte darauf, welche Erfahrung die Teilnehmer machen. Bemerkst du irgendwelche Lichter

oder irgendein Funkeln im Raum? Diese Erscheinungen werden oft »geistige Lichter« genannt. Fühlst du ein Kribbeln, Druck oder Temperaturschwankungen? Registrier aufmerksam, was im Raum geschieht. Wenn bestimmte Phänomene anhalten, kannst du ein paar Fragen stellen, wie weiter unten beschrieben.

- Wer möchte, sollte ausdrücken können, was ihm in Hinblick auf das Thema des Abends in den Sinn kommt und welche Erfahrungen er sammelt. Mach dir keine Gedanken darüber, ob das, was du sagst, vielleicht töricht klingen mag. Während du deine Eindrücke den anderen mitteilst, wird sich die Kommunikation immer weiter öffnen.
- Oftmals höre ich jemanden sagen, dass er etwas sieht oder hört, aber nicht weiß, was es bedeutet. Man sollte wissen, dass Informationen, die man nicht verstehen oder mit denen man nichts anfangen kann, erst gar nicht zu uns kämen. Bitte die Person in einem solchen Fall, zu beschreiben, was sie sieht oder fühlt. Die verbale Beschreibung setzt dann schon einen Klärungsprozess in Gang. Es ist nicht ungewöhnlich, dass ein Licht genau in dem Moment aufblitzt, wenn die Beschreibung beendet worden ist. Wir müssen zuerst die Kommunikationsstränge öffnen – und erst danach können wir darangehen, die einzelnen Informationen zu interpretieren.
- Mach dir an diesem Punkt noch keine unnützen Gedanken über die Quelle der Kommunikation. Sie wird sich

nach und nach von selbst offenbaren. Stell nicht so viele Erwartungen an das Sitzen und was dabei herauskommen soll. Sag das, wozu du spontan inspiriert bist. Mach dir keine Sorgen, wenn du nichts zu sagen hast. Sei aufmerksam und zuvorkommend und gib anderen die Gelegenheit, sich mitzuteilen. Unterschiedliche Menschen haben unterschiedliche Hemmschwellen, aber sie werden sich irgendwann am Gespräch beteiligen, wenn die Kommunikation offen bleibt.

- Es wird nicht lange dauern, und für jeden Teilnehmer kristallisieren sich die jeweiligen Geistführer heraus. Innerhalb von vier bis sechs Wochen wird jeder Teilnehmer wenigstens einen Geistführer erkannt haben. Im Laufe von weiteren Gruppentreffen nimmt diese Anzahl noch zu. Einige Geistführer erscheinen nur für einen Abend, und manche kommen lediglich, um eine besondere Botschaft zu überbringen. Beachte, dass du Informationen über deinen eigenen Geistführer vielleicht von einem anderen Gruppenteilnehmer bekommst, genauso wie du Informationen über den Kontakt einer anderen Person erhalten kannst.
- Stimmt ab und zu ein Lied an, um die Energie in der Gruppe harmonisch und auf einem höheren Niveau zu halten. Sprecht am Ende ein Gebet oder dankt den erschienenen Geistführern, ob sie erkannt wurden oder unerkannt blieben, für ihre Anwesenheit. Praktiziert dann als Gruppe die Mittlere Säule, um den Abend formell

abzuschließen und alle Teilnehmer wieder zu erden und ins innere Gleichgewicht zu bringen.
- Alle sollten den Raum, in dem das Sitzen stattgefunden hat, gemeinsam verlassen. Ein paar vorbereitete Snacks sind ein gutes Mittel, um sich weiterhin zu erden und zu zentrieren.

Nimm nicht mit bestimmten Erwartungen an einem Sitzen teil und stell nicht zu viele Fragen. Erlaub deinem Verstand nicht, zu kritisch zu werden. Beschreib einfach das, was in dir vorgeht, ohne es gleich interpretieren zu wollen.

Sei höflich und zuvorkommend, wenn du Botschaften weitergibst. Triff deine eigenen Entscheidungen und mach nicht alles von deinem Geistführer abhängig. Es ist nicht schlimm, wenn über längere Zeit nichts geschieht. Zum Prozess gehört auch eine Energiesteigerung der gesamten Gruppe, um die Kommunikation mit der geistigen Welt zu ermöglichen.

Halt all deine Erfahrungen fest. Mach später am Abend, wenn du wieder zu Hause bist, Eintragungen in dein Tagebuch. Dies kann sogar unmittelbar nach dem Sitzen, noch in der Gruppe geschehen. Es hilft, bestimmte Botschaften herauszukristallisieren, und vertieft oft die Einsicht in die Qualität des Kontakts mit den Geistwesen.

Mit der Zeit kann die Gruppe ihre Aufmerksamkeit auch auf bestimmte Schwierigkeiten und Probleme lenken. Fang langsam an und erzwing nichts. Lass alles in seinem natürlichen Fluss geschehen. Deine Ausdauer wird konsequenterweise Resultate bringen.

## Inspiriertes und automatisches Schreiben

Wenn du lieber allein und nicht mit einer Gruppe arbeiten möchtest, ist inspiriertes oder automatisches Schreiben die einfachste Methode, um dich weiterzuentwickeln. Früher gab es zwei Werkzeuge, die dabei halfen – das Oui-ja-Brett und die Planchette.[7]

Das Oui-ja-Board ist ein flaches Brett mit Buchstaben und Zahlen und den Worten »Ja« und »Nein«. Obwohl es heutzutage mehr als ein Gesellschaftsspiel betrachtet wird, wurde es in der Vergangenheit von vielen Kontaktsuchern benutzt. Während die Hand leicht über der Planchette (eine Art Zeiger, der über das Brett gleitet) liegt, wird eine Frage über die geistige Welt gestellt. Während man sich auf die Frage konzentriert, fängt die Planchette an, sich unter den Fingern zu bewegen, und hält bei einzelnen Buchstaben an, die nach und nach eine Botschaft zusammensetzen.

Das Oui-ja-Brett ist kein Werkzeug, das ich zum Öffnen der geistigen Kommunikation empfehle. Es hat eine Ener-

[7] Frz. *oui* = »ja«; frz. *planchette* = »kleines Brett«, eine Variante des Oui-ja-Boards.

gie, die niedrigere Wesenheiten anzieht. Diese Wesen können eine Menge Probleme heraufbeschwören. Wenn es nicht gerade in Gebrauch ist, sollte das Brett bedeckt und fortgestellt sein. Es dient als eine offene Tür, besonders für nichtinkarnierte Wesen und erdgebundene Seelen (Näheres dazu in Kapitel 9).

Eigentlich wurde die Planchette erfunden, um dem automatischen Schreiben zu dienen. Die Person legt dabei ihre Hand auf das herzförmige Gerät und hält einen Stift zwischen ihren ersten beiden Fingern. Ein veränderter Bewusstseinszustand erlaubt nun einem Geistwesen, die Planchette auf dem Papier hin und her zu bewegen und bestimmte Botschaften aufzuschreiben. Die geistige Wesenheit benutzt die normale Funktion deiner Hand, um eine schriftliche Mitteilung zu geben.

Du brauchst diese Hilfsmittel jedoch nicht, um mit dem inspirierten oder automatischen Schreiben anzufangen:

- Setz dir einen Zeitrahmen, den du dafür in Anspruch nehmen willst. Am effektivsten ist es, jeden Tag zur gleichen Zeit zu schreiben.
- Sitz bequem mit einem Stift in der Hand und einem aufgeschlagenen Notizheft. Plane für diese Übung eine halbe Stunde jeden Tag ein.
- Fang mit einem Gebet und einer Absichtserklärung an. Du kannst außerdem auch Räucherstäbchen, Duftöl oder Kerzen benutzen, um eine besondere Atmosphäre zu

schaffen. Mach eine Entspannungsübung und praktiziere die Mystische Hochzeit. Bitte um Führung und Schutz und frage dann gedanklich deine Geistführer, ob sie anwesend sein können.

- Achte darauf, wie du dich fühlst, während du dich entspannst. Sei am Anfang ruhig und passiv. Sensibilisiere dich dafür, eine geistige Berührung wahrzunehmen. Wenn du dich entspannt hast, kannst du gedanklich einen Geistführer einladen, näher zu kommen und sich zu zeigen. Achte darauf, was du empfindest. Bemerkst du irgendetwas? Eine Farbe? Einen Klang? Einen Druck oder ein Kribbeln? Fühlst du eine Veränderung der Temperatur? Halt jeden Eindruck, den du bekommst, schriftlich fest – wie flüchtig und scheinbar unbedeutend er auch sein mag (mach dir bewusst, dass du erst lernst, die Gegenwart eines Geistwesens zu erkennen und daher am Anfang noch keine starken Eindrücke hast).
- Für manche ist dieser Schritt schwierig, aber er ist sehr wirksam, um die Kommunikationswege zu öffnen. Nachdem du deine erste Information erhalten hast, sitz weiter mit dem Stift in der Hand und den Händen auf dem Papier da. Halt deine Augen geschlossen und beginn das Gespräch mit dem Geistführer, der auf dich zugekommen ist. Mach dir keine Gedanken darüber, ob du dir alles nur einbildest. Denk daran, dass wir mit der geistigen Welt über unsere Imaginationskraft arbeiten, um so nach und nach eine bewusste Wahrnehmung zu erzeugen.

Stell dem Geistwesen Fragen und schreib die Antworten auf, während du sie erhältst. Öffne dafür nicht die Augen und mach dir keine Gedanken darüber, ob du deine Schrift hinterher lesen kannst. Wenn du die Augen geschlossen hältst, wirst du nicht von äußeren Dingen abgelenkt und verbleibst in deinem veränderten Zustand. Nach einiger Zeit wird sich deine Fähigkeit entwickeln, das Gespräch auch mit offenen Augen festhalten zu können. Fang das Gespräch am besten mit folgenden Fragen an:

- »Kannst du mich noch einmal berühren?« (Du kannst auch eine besondere Stelle vorschlagen, an der du berührt werden willst. Das hilft dir, diesen Geistführer von anderen zu unterscheiden.)
- »Bist du männlich oder weiblich?«
- »Hältst du dich oft in meiner Nähe auf?«
- »Wie kann ich dich am einfachsten erkennen?«
- »Welchem Zweck dienst du in meinem Leben?«
- »In welchem Bereich meines Lebens bist du mehr gegenwärtig?«
- »Wie heißt du?«
- »Gibt es eine Farbe, einen Klang oder einen Duft, die dich anziehen?«
- »Kannst du mir vor meinem geistigen Auge zeigen, wie du aussiehst?« (Lass dich nicht entmutigen, falls dem nicht sogleich entsprochen wird. Wenn du Geduld und Ausdauer hast, wird es geschehen. Sobald dein Geistfüh-

rer dir seine Gestalt zeigt, kannst du sie, so du möchtest, in dein Tagebuch zeichnen.)

- »Gibt es irgendetwas, was ich in diesem Moment wissen sollte?«
- »Was kann ich tun, um unsere Begegnung zu erleichtern?«
- »Gibt es noch andere Informationen, die du für mich hast?«

- Schreib das auf, was dir in den Sinn kommt. Schreib einfach immer weiter. Mach dir keine Sorgen, ob die Gedanken auch in richtiger Beziehung zueinander stehen oder ob die Grammatik und Satzstruktur stimmen. Am Anfang kommt es hauptsächlich darauf an, energetisch eine Empfänglichkeit für die geistige Inspiration zu entwickeln. Erlaub es deinen Gedanken, mit den Antworten auf die Fragen mitzufließen, und schreib sie nieder. Versuch nicht, über sie nachzudenken oder sie zu analysieren. Halt sie einfach nur fest. Wenn die halbe Stunde vorbei ist, kannst du dir das Geschriebene durchlesen und es korrigieren.
- Du öffnest die Kommunikationskanäle. Zuerst zu deinem eigenen intuitiven Selbst und danach zu deinen Geistführern. Wenn du am Ball bleibst, wirst du schließlich feststellen, dass deine Aufzeichnungen einen persönlichen Stil und einen bestimmten Fluss bekommen.
Sind die Beziehung und die Art des Kontakts erst einmal

etabliert, wird jeder Geistführer die Kommunikation in einer bestimmten Weise beginnen und beenden. Als ich hiermit anfing, stellte sich heraus, dass die Kommunikation mit einem meiner Führer immer mit dem Bild einer Blume endete – nichts Großartiges, einfach das Bild einer Blume. Ich zeichnete sie, so wie ich auch alle anderen Eindrücke der Sitzung festhielt.

- Wenn die vorher vereinbarte Zeit vorüber ist, solltest du die Sitzung bewusst beenden. Sprich ein Dankgebet für die Geistwesen, die gekommen sind, gleich, ob du sie erkannt hast oder nicht. Praktiziere die Mittlere Säule, um dich wieder zu erden.

Wenn du vom inspirierten zum automatischen Schreiben übergehst, wirst du feststellen, dass deine Hand anfängt, Schnörkel und Kreise zu ziehen. Sie scheint das zu tun, was sie tun möchte. Du fühlst sie nicht mehr, und sie scheint ihren eigenen Willen zu haben. Dies kann mehrere Wochen lang anhalten, bevor irgendetwas Erkennbares auf dem Papier erscheint.

Beharrlichkeit ist daher von entscheidender Bedeutung. Es steckt ein großes Potenzial in dieser Art des Kontakts. Ich kenne Menschen, die auf automatische Weise hervorragende Zeichnungen zu Papier bringen. Die künstlerische Arbeit ist sehr filigran und geschieht oft schneller, als das Auge folgen kann. Die Betreffenden zeichnen meist mit geschlossenen Augen oder unterhalten sich gleichzeitig über etwas, was mit dem Bild überhaupt nichts zu tun hat.

Es gibt noch viel zu lernen über veränderte Bewusstseinszustände und kreative Möglichkeiten. Dieser Entdeckungsprozess ist das Spannende an dem Kontakt mit der geistigen Welt, besonders wenn es durch inspiriertes und automatisches Schreiben und Zeichnen geschieht.

## Der Blick in die Kristallkugel

Kristalle sind sehr populär als metaphysisches und hellseherisches Werkzeug. Dennoch wurde bislang nur wenig nachgeforscht, wie die Kristallkugel traditionell benutzt worden ist. Die elektrischen Eigenschaften innerhalb der Kugel stimulieren die innere Vision (das Dritte Auge). Die Kugel ist ein dynamisches Werkzeug, um in die geistige Welt zu blicken und die übersinnliche Wahrnehmung zu wecken. Wir sehen dabei Bilder der Zukunft, aber auch der Vergangenheit.

Die Größe der Kristallkugel ist nicht entscheidend. Wichtig ist allein die Bereitschaft, mit ihr zu arbeiten. Sie sollte dennoch einige Zentimeter Durchmesser haben, sodass du in sie schauen kannst, ohne deine Augen überanstrengen zu müssen.

Manche behaupten, ein klarer Quarzkristall sei besser geeignet als eine Kugel mit Einschlüssen, verschiedenen Ebenen und anderen inneren Formationen. Ich habe festgestellt, dass es für mich keinen Unterschied macht. Es ist einfach nur eine Sache der persönlichen Vorliebe. Ich besitze mehrere Kristallkugeln unterschiedlicher Größe und Klarheit. Am häufigsten benutze ich eine Kugel, die zirka zehn Zentimeter im Durchmesser und einen Milchschleier sowie mehrere einzigartige Formationen in sich hat.

Jeder Seher gebraucht die Kristallkugel ein wenig anders, aber alle halten sich an bestimmte Richtlinien, wenn sie herausfinden wollen, wie sie am besten mit der Kugel arbeiten können:

- Die Kristallkugel wird normalerweise an einem besonderen Ort aufbewahrt – in einer Vitrine, einem bestimmten Raum usw. Dadurch wird verhindert, dass andere die Kugel benutzen und ihr Energie entziehen oder ihre eigenen »Energieabdrücke« in ihr hinterlassen.
- Die Kristallkugel wird zusammen mit einem kleinen Ständer oder einem stabilen Tisch eingesetzt.
- Halt die Kristallkugel sauber. Eine milde Seifenlösung wirkt Wunder und sollte hin und wieder benutzt werden. Die Kugel sollte außerdem bedeckt sein, wenn sie nicht in Gebrauch ist. Ein schwarzer Seidenschal ist hierfür gut geeignet. Er beschützt die Kugel nicht nur vor Staub, sondern schirmt sie auch vor äußeren Energien ab.
- Die Kristallkugel sollte hin und wieder aufgeladen und

energetisiert werden. Wie alle Kristalle stellt man sie zu diesem Zweck 24 bis 48 Stunden nach draußen, besonders während des Vollmonds.

- Jeder, der in die Kristallkugel schauen will, muss sich selbst in harmonische Schwingung mit ihr versetzen. Meditiere mit ihr. Halt sie einfach in der Hand und praktiziere rhythmisches Atmen, um in Harmonie mit ihr zu kommen. Eine traditionelle Methode besteht darin, »Bewegungen« über der Kugel zu machen. Der Mensch, der mit der Kugel arbeitet, gibt Stärke und Energie darein, indem er mit der rechten Hand über sie fährt, während die linke Hand der Kugel Sensibilität verleiht. Wenn du diese Anweisungen ausführst, wirst du dich sehr behaglich fühlen. Nimm dir jeden Tag ein paar Minuten Zeit, um dich auf diese Weise mit der Kugel zu beschäftigen.

Wenn es sich nicht um einen klaren Kristall handelt, solltest du dir die Zeit nehmen und die verschiedenen Strukturen und Ebenen genau untersuchen. Du wirst merken, dass sich diese Formationen während deiner Arbeit mit der Kugel verändern. Jedes Mal, wenn du in die Kugel schaust, werden sie andere Formen annehmen.

Es ist wichtig, Geduld zu haben und sich zu konzentrieren, wenn du mit der Kristallkugel arbeitest. Es gibt keine schlechte oder gute Zeit, sie zu benutzen, es sei denn, du glaubst daran. Astrologische Einflüsse können ihre Wirksamkeit erhöhen oder schwächen, aber es ist nicht vonnöten, diese Zusammenhänge zu verstehen, um Resultate zu erzielen.

Stell sicher, dass du nicht gestört werden kannst. Mach eine Entspannungsübung und praktiziere anschließend die Mystische Hochzeit. Dies wird die Fähigkeit der Kristallkugel steigern, deine Hellsichtigkeit zu erwecken. Sprich ein Gebet, eine Affirmation oder eine andere Form der Einladung für deine Geistführer.

Leg die Kugel direkt vor dich hin, sodass du leicht in sie hineinschauen kannst. Es sollte nicht zu hell sein, da die Kugel Licht brechen und reflektieren kann, wodurch deine Vision behindert wird. Ein schwarzes Tuch als Unterlage oder Hintergrund ist ebenfalls sinnvoll, weil dadurch Reflexionen der unmittelbaren Umgebung verhindert werden.

Richte dich mental auf deinen Geistführer aus und fühl deinen Wunsch, ihn zu sehen. Schau mit sanftem Blick in die Kugel. Dieser Blick ähnelt dem Gesichtsausdruck, den wir haben, wenn wir manchmal unbewusst vor uns hin träumen. Er hat keinen festen Fokus, sondern ist ruhig und entspannt. Achte darauf, was vor deinem geistigen Auge in Erscheinung tritt. Sei nicht enttäuscht, wenn anfänglich nicht viel passiert.

Das, was du in der Kugel wahrnehmen kannst, hat eine große Bandbreite. Zuerst werden oft Wolken gesehen. Es hat den Anschein, als habe der Kristall neblige Stellen. Dies kann eine Art Milchigkeit sein oder als richtige Wolken gesehen werden, die über die Kugel ziehen. Es handelt sich dabei um ein positives Zeichen, denn es ist ein Hinweis auf kommende Klarheit und eine sich entwickelnde Sehkraft.

Du wirst Wolken, Farben, Bilder, Gesichter und schließlich ganze Szenen sehen, wenn du geduldig und beharrlich mit der Kristallkugel arbeitest. Anfangs besteht die Schwierigkeit darin, das Wahrgenommene auch richtig zu interpretieren. Bedenke, dass die Bilder und Visionen in der Kugel eine Antwort auf das sind, worauf du dich gedanklich konzentrierst.

Wenn du versuchst, dich auf einen Geistführer »einzutunen«, kann die Farbe der Wolken einen Hinweis auf die Energie, den Zweck und/oder die Funktion des Führers in deinem Leben geben. Gestalt und Bewegung der Wolken sind ebenfalls aufschlussreich. Vertrau einfach deinen Eindrücken.

Manche sind der Ansicht, dass nach oben ziehende Wolken ein positives Anzeichen sind, während nach unten ziehende eher als negativ gelten. Andere glauben, dass Wolken, die sich nach rechts bewegen, auf geistige Wesen hindeuten, während nach links ziehende Wolken anzeigen sollen, dass der Moment nicht günstig ist, in die Kugel zu schauen. Solche Angaben schwanken von Person zu Person. Das meiste lernst du dadurch, dass du einfach beobachtest und deine eigenen Schlüsse ziehst; und je mehr du mit der Kristallkugel arbeitest, desto besser und eindeutiger werden deine Schlussfolgerungen sein.

Schau ungefähr fünfzehn Minuten lang in den Kristall

und beende dann deine Sitzung. Bedeck die Kugel und führ eine abschließende und dich wieder zentrierende Zeremonie durch. Die Mittlere Säule eignet sich hierfür besonders. Selbst wenn scheinbar nichts passiert ist, solltest du dir darüber im Klaren sein, dass jeder Blick in die Kugel deine hellseherischen Fähigkeiten steigert. Wenn du Geduld und Ausdauer an den Tag legst, werden deine Bemühungen belohnt werden.

# Kapitel 6: Wir treffen unsere Schutzengel

Wir bewegen uns in einem lebendigen Universum. Leben, Energie und Ordnung ist in allem, was uns umgibt – gleich, ob es sichtbar ist oder nicht. Die Menschen neigen jedoch dazu, mit Scheuklappen durch die Weltgeschichte zu laufen. Wir konditionieren uns darauf, nur das wahrzunehmen, was sichtbar und der rationalen Vernunft zugänglich ist.

Dabei gibt es eine Lebenslinie, die sich Seite an Seite mit der menschlichen Entwicklung entfaltet. Die Wesen auf dieser Existenzebene haben Körper aus feinerer Substanz, die unsere nicht so subtilen Wahrnehmungsorgane in der Regel nicht erkennen können. Diese Wesen verkörpern den kreativen Intellekt und die Umwandlungsenergie des Universums. Es handelt sich um die Hierarchie der Engel, und viel von dem Guten, das wir in dieser Welt kennen, ist das Ergebnis ihrer Arbeit – sei es die Schönheit der Natur, die kreative Inspiration oder die Ereignisse, die wir als »Wunder« bezeichnen.

Wir müssen uns ihrer Gegenwart nicht bewusst sein, um aus ihrem Wirken Nutzen zu ziehen, ebenso wie wir nicht ständig die Luft bewusst wahrzunehmen brauchen, die wir atmen. Und dennoch sind Engel genauso wichtig und unverzichtbar für unser Leben wie die Luft.

Die meisten Menschen halten Engel für Phantasieprodukte, besonders im gegenwärtigen Zeitalter, das von der Vernunft und der Wissenschaft dominiert wird. Aber sie sind in allen Zeitaltern und allen menschlichen Rassen aktiv gewesen. Wir können ihre Existenz nicht für jedermann zufrieden stellend nachweisen, aber mit einer erweiterten Wahrnehmung können wir anfangen, sie auf unsere eigene Weise zu erfahren. Einer der schönsten Momente im Leben ist der, den tröstenden Hauch ihrer Flügel auf den Schultern zu spüren. Ihre Gegenwart inspiriert zu Freude, Liebe und Bewunderung der Großartigkeit des Universums.

Die Menschen neigen zu Selbstgefälligkeit und Arroganz, und daher lieben wir die Vorstellung, dass wir die höchste Form von Leben sind. Es stimmt zwar, dass wir den göttlichen Funken in uns tragen, aber das tun auch zahllose andere Lebensformen. Viele von ihnen drücken den göttlichen Funken strahlender und konsequenter aus als wir. Sehr wahrscheinlich ist der niedrigste Engel immer noch höher entwickelt als der geistig nicht erweckte Mensch, besonders in Anbetracht der Schäden, die die Menschen sich gegenseitig und dem Planeten zufügen.

Als wir noch Kinder waren, freuten wir uns darüber, wenn uns jemand einen Engel nannte. Wir wussten intuitiv, dass das etwas Besonderes war. Auf einer bestimmten Ebene wussten wir wahrscheinlich, dass es bedeutete, erleuchtet zu sein. Ein Engel ist ein Wesen, das in der Lage ist, das göttliche Licht in alle Welten und Lebensbereiche zu bringen, die weniger entwickelt sind.

(Schutz)engel tauchen in jeder Literatur und in allen Religionen auf. Es wurde über sie geschrieben und gesungen, und sie werden auch in der Bibel genannt. Im Buch der Psalmen (91, 11) steht zum Beispiel geschrieben: »Denn er befiehlt seinen Engeln, dich zu behüten auf all deinen Wegen.«

Es gibt unzählige Wesenheiten in dieser Hierarchie. Sie werden Boten, Söhne und Töchter der Gottheit, Geister, Heilige, Devas, Scheinende, Naturgeister, Seraphim, Cherubim, Weltherrschaften, Tugenden, Kräfte, Prinzipien, Erzengel oder einfach nur Engel genannt. Ob wir ihre Liebe durch unsere Geistführer erfahren oder durch die Natur, die Religion oder sogar im direkten Kontakt mit ihnen, sollte uns in unserer Gewissheit bestärken und ermutigen, dass jene über uns den großen Wunsch haben, uns behutsam auf höhere Ebenen zu ziehen.

Die Engel haben die Aufgabe, Gott zu loben, ihm zu Diensten zu sein sowie die Gläubigen zu beschützen und die Menschheit zu leiten. Es gibt Engel der Kraft, des Heilens, des privaten Bereichs, der Natur, der Kunst, der Schönheit und der Schöpfung. Für jeden Aspekt des Lebens sind bestimmte Engel zuständig; und dies sollte uns in unserem Vertrauen bestärken, dass wir nicht auf uns allein gestellt sind, sondern immer Unterstützung bekommen.

Die Erzengel führen den Willen der höheren Ebenen aus und dienen als Vermittler zwischen der Menschheit und den göttlichen Mächten des Universums. Die Naturgeister arbeiten mit den Engeln zusammen an der rhythmischen Entfaltung des Kosmos durch Kräfte und Ausdrucksformen der Natur. Sie helfen zum Beispiel dem Grashalm, zu wachsen, und den Planeten und Sternen, sich durch das All zu bewegen.

Jedes Kind kennt die Schutzengel, aber es gibt auch viele Missverständnisse über sie. Wir alle werden von einer Gruppe von Engeln begleitet, die uns unterstützen, aber nicht für uns handeln. Erst wenn wir uns nach einer größeren Spiritualität sehnen und bewusst an unserer geistigen Entwicklung arbeiten, kommen wir unter die Führung eines einzigen engelhaften Wesens. Dieses Wesen dient uns als Lehrer und macht uns Mut, durch den schwierigen Prozess zu gehen, der zu einer größeren Reife führt. Gemäß der uralten hebräischen Tradition kommt dieser Schutzengel aus den Reihen der *Malachim*, der Engel des Heilens, des Lichts und der Wunder.

Unser Bewusstsein weitet sich dadurch aus, dass wir die Existenz von Wesen anerkennen, die in ihrer physischen Natur von uns verschieden sind, aber mit uns zusammen der Erfüllung des göttlichen Willens dienen. Es heißt, dass beim ersten Lachen eines Kindes ein Engel geboren wird. Dies könnte gut sein, weil es eine einfache liebevolle Antwort auf das Leben ist. Während wir heranwachsen, verlieren wir immer mehr diese Einfachheit. Wir klammern uns an unser Wissen und an das Sichtbare und erwarten, dass alles so ist, wie wir selbst sind, anstatt in jedem Moment die unendlichen Unterschiede und Möglichkeiten wahrzunehmen.

Die Hierarchie der Engel zeigt uns an ihrem Beispiel, wie wir unseren wahren Zustand erkennen und leben können. Sie erledigen ihre Aufgaben mit kreativer Freude, innerer Fülle und Lebendigkeit, die unser eigenes Handeln bei weitem übersteigt. Sie kennen keine Plackerei, weil sie wissen, dass jedes Handeln seinen Platz im großen Ganzen hat und letztlich dem Ruhme Gottes dient.

Wir sollten uns eine ähnliche Einstellung aneignen und unseren Blickwinkel erweitern, indem wir unsere selbst aufgesetzten Scheuklappen abnehmen und anfangen, das ganze Bild zu betrachten. Die Engel werden uns in diesem Vorhaben unterstützen. Wir brauchen sie nur darum zu bitten. Diese androgynen Wesen (die weder männlich noch weiblich sind, sondern die Eigenschaften beider Geschlechter in sich vereinen) sehen – aus ihrer größeren Perspektive und aufgrund des liebenden und bereitwilligen Wechselspiels mit unserem Bewusstsein in den rhythmischen Abläufen der Welt –, was wir wirklich sind. Sie sehen den wahren Kern unseres Wesens.

Die Engel sehen die Schritte, die wir in der Zukunft gehen müssen, und besitzen die Fähigkeit, uns schneller und zielstrebiger mit unserem göttlichen Ursprung zu verbinden.

Wir brauchen nur unser Herz zu öffnen und unsere Hände nach ihnen auszustrecken. Dann können auch wir auf den Flügeln der Engel fliegen.

## Die vier großen Erzengel

Es gibt viele Aufgabenbereiche für die großen Erzengel im Universum. Oft wurde schon versucht, ihre verschiedenen Verantwortlichkeiten zu definieren und voneinander abzugrenzen, aber uns sollte immer klar sein, dass sich diese Aufgabenbereiche stark überschneiden. Wir sagen vielleicht, der eine Erzengel sei für das Heilen zuständig und der andere für den Schutz, aber innerhalb ihrer Hierarchie kann jeder Erzengel auch alle Funktionen der anderen übernehmen. Es gibt nur Bereiche, für die sie eine größere Aufmerksamkeit entwickeln und sich verantwortlicher fühlen.

Vier Erzengel kümmern sich besonders um die Erde. Sie heißen Raphael, Michael, Gabriel und Auriel. Mit jedem von ihnen sind eines der vier irdischen Elemente, außerdem eine spezielle Farbe, eine der vier Richtungen, drei Sternzeichen und eine Vielzahl anderer Kräfte und Energien verbunden. Wenn wir diese Verknüpfungen berücksichtigen und sie mit uns in Beziehung setzen, können wir herausfinden, zu welchem Erzengel wir uns am meisten hingezogen fühlen:

- *Raphael:* Raphael ist der *heilende* Erzengel. Dieses Wesen stimuliert die Energien für Leben und Erfolg. Es erweckt den Sinn für Kreativität und Schönheit, der die höheren geistigen Aktivitäten anregt. Raphael ist der Wächter des Heiligen Grals. Seine *Zuordnungen* sind:
  - das Element der Luft,
  - der östliche Bereich der Erde,
  - die Jahreszeit Frühling,
  - die Farbe Blau (oder Blau und Gold) sowie
  - die Sternzeichen Zwillinge, Waage und Wassermann.
- *Michael:* Michael ist der Erzengel des *Schutzes* und des *Gleichgewichts*. Dieses Wesen beschützt uns vor psychischen Ungleichgewichten oder Gefahren. Michael hilft dabei, das Alte niederzureißen und das Neue aufzubauen. Seine *Zuordnungen* sind:
  - das Element des Feuers,
  - der südliche Bereich der Erde,
  - die Jahreszeit Herbst,
  - die Farbe Rot sowie
  - die Sternzeichen Widder, Löwe und Schütze.
- *Gabriel:* Gabriel ist der Erzengel der *Hoffnung*, der *Erleuchtung* und der *Liebe*. Er beschützt die heiligen Plätze der Erde und die heiligen Wasser des Lebens. Er fördert intuitive Wahrnehmung und die Einsicht in spirituelle Verpflichtungen. Gabriel erweckt in uns auch ein besseres Verstehen von Träumen. Seine *Zuordnungen* sind:
  - das Element Wasser,

  - der westliche Bereich der Erde,
  - die Jahreszeit Winter,
  - die Farben Smaragd und Seegrün sowie
  - die Sternzeichen Krebs, Skorpion und Fische.
- *Auriel:* Auriel ist der Erzengel der *Alchemie* und der *Vision.* Er gilt als der höchstgewachsene aller Erzengel und hat Augen, die in die Unendlichkeit schauen können. Er beaufsichtigt das Wirken der Naturgeister und hilft der Menschheit, diese wahrzunehmen und in Harmonie mit ihnen zu leben. Die Zusammenarbeit mit Auriel öffnet dir den Blick auf das Feen- und Elfenreich. Seine *Zuordnungen* sind:
  - das Element Erde,
  - der nördliche Bereich der Erde,
  - die Jahreszeit Sommer,
  - die Farbe Weiß und alle Erdtöne sowie
  - die Sternzeichen Stier, Jungfrau und Steinbock.

Es gibt ein paar einfache Methoden, mit deren Hilfe du feststellen kannst, zu welchem dieser vier großen Erzengel du am leichtesten Zugang hast. Die erste findest du mithilfe deines Sternzeichens. Der Erzengel, der über dein Tierkreiszeichen herrscht, ist derjenige, zu dem du die größte Resonanz hast. Das Zeichen spiegelt eine spezielle Energie und ein bestimmtes Sternenmuster, das dich auf subtile Weise beeinflusst. Wenn du zum Beispiel in der Periode des Krebses geboren bist, hast du wahrscheinlich die größte Resonanz zu Gabriel. Dies bedeutet keineswegs, dass du nicht auch mit den anderen Erzengeln in Kontakt treten kannst, aber am einfachsten ist diese Verbindung mit demjenigen von ihnen, der mit deinem Sternzeichen verknüpft ist.

Eine weitere Methode, um herauszufinden, zu welchem Erzengel du den leichtesten Zugang hast, besteht darin, dass du dir die Elemente in deinem Namen anschaust. Die Vokale sind mit den Elementen Feuer, Wasser, Luft, Erde und Äther (dem Ursprung der anderen vier) verbunden. Sieh dir die Tabelle an und bestimme, welches Element sich in deinem Namen verbirgt und welcher Erzengel zu diesem Element gehört.

**Mithilfe deines Namens den Erzengel bestimmen**

| Vorherrschender Vokal | Element | Zugehöriger Erzengel |
|---|---|---|
| A | Äther | Alle vier Erzengel |
| E | Luft | Raphael |
| I | Feuer | Michael |
| O | Wasser | Gabriel |
| U | Erde | Auriel |
| Y | Feuer und Wasser | Michael und Gabriel |

Das Element, das mit deinem Namen verbunden ist, und der dazugehörige Erzengel können sich von dem Engel deines Sternzeichens unterscheiden. Dies bedeutet einfach, dass es dir leichter fällt, mit beiden in Kontakt zu treten. Wenn du im Sternzeichen Krebs geboren bist, ist Gabriel dein Erzengel. Ist der vorherrschende Vokal in deinem Vornamen ein »I« – wie zum Beispiel im Namen Dietrich –, dann stehst du in Verbindung mit dem Element Feuer und daher mit dem Erzengel Michael.

## Mit einem der Erzengel Kontakt aufnehmen

Nachdem du bestimmt hast, mit welchem der vier Erzengel du wahrscheinlich in Resonanz bist, möchtest du nun sicher anfangen, die Türen für eine Begegnung und eine gezieltere Kommunikation zu öffnen. Du kannst dabei einfache Meditationstechniken anwenden, um diese Verbindung herzustellen.

Im nachfolgenden Beispiel bauen wir auf den vorangehenden Übungen zur Herstellung eines Kontakts mit der geistigen Welt auf. Zuerst werden wir den Gebrauch von Siegeln vorstellen, das sind symbolische Unterschriften der Erzengel. Die hier dargestellten Siegel basieren auf den Techniken des Golden Dawn[8]. Dabei werden die hebräischen Buchstaben des Namens mit einem Symbol der Rose

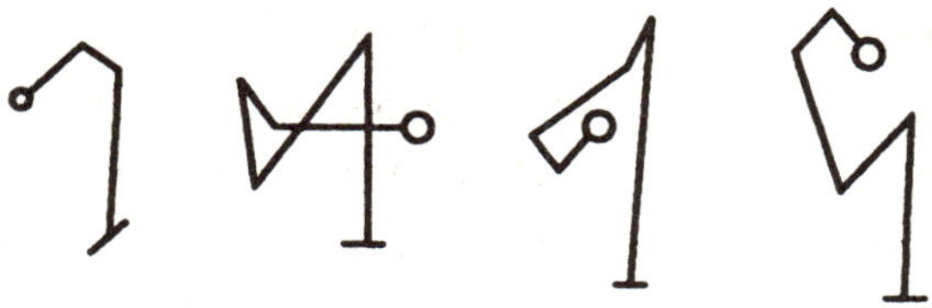

**Raphael** (blau) **Gabriel** (grün) **Michael** (rot) **Auriel** (weiß)

**Die Siegel der Erzengel**

auf dem Rosenkreuz verglichen. Es gibt noch viele andere Möglichkeiten, diese Siegel darzustellen.

Wenn wir über Siegel meditieren, dienen sie als Rufsignale für jene Energien, die sie repräsentieren, in diesem Fall die Erzengel:

- Achte darauf, dass du ungestört bist, wenn du einen Engel rufst. Zünde Weihrauch an oder verwende einen Duft, der deinem Zweck entspricht.
- Atme rhythmisch, und entspann dich dabei immer mehr. Mach dir immer klar, dass du umso leichter mit diesen

[8] Vgl. Israel Regardie: *Das magische System des Golden Dawn*, Bauer, Freiburg 1988. Der Golden Dawn bzw. Hermetische Orden der goldenen Dämmerung ist ein Ende des 19. Jahrhunderts in England gegründeter magischer Orden, der einen starken Einfluss auf die heute in der westlichen Magie vorherrschenden Überzeugungen hatte.

Wesen Kontakt aufnehmen kannst, je entspannter du bist.

- Praktiziere die Mystische Hochzeit (siehe Kapitel 3), um deine innere Vision zu aktivieren.
- Ruf den Erzengel an, mit dem du Kontakt aufnehmen willst. Du musst dazu seinen Namen aussprechen. Jeder Name eines der vier Erzengel hat drei Silben, wenn du ihn richtig formulierst. Diese Silben stehen für die von Natur aus bestehende Energie und Einflussmöglichkeit der Erzengelhierarchie. Drei ist die Zahl für neue Geburt, Schöpfung und das heilige Kind, das aus der Einheit des Männlichen und Weiblichen in uns geboren wird.

  Es ist hilfreich, die Anrufung vor der Meditation zu praktizieren, während du in der Meditation vielleicht nur den Wunsch hast, den Klang der Silben mit deiner inneren Stimme auszusprechen. Das Intonieren der Erzengelnamen ist sehr stimulierend. Es beschützt uns und bringt uns wieder ins Gleichgewicht und sollte hin und wieder praktiziert werden, um die Energie der Aura zu erhalten und gesund zu bleiben.

  Formuliere die Namen im Geiste, während du einatmest, und zwar Silbe für Silbe. Achte darauf, dass jede dabei die gleiche Betonung hat. Sprich die einzelnen Silben beim Ausatmen laut vor dich hin. Gebrauche also beim Einatmen deine innere Stimme und beim Ausatmen die »äußere«. Einatmen, ausatmen. Geistig, physisch. Das Intonieren hilft dir dabei, eine Brücke zum

Reich der Erzengel zu schlagen, und dient gleichzeitig dazu, die Erzengel herbeizurufen.

- Visualisiere eine Tür vor deinen Augen. Sie hat die Farbe des Erzengels, mit dem du Kontakt aufnehmen willst. Das Siegel des entsprechenden Erzengels ist in die Tür eingelassen. Sobald du dieses Siegel klar vor Augen hast, praktiziere die folgende Meditation:
  Du stehst vor der Tür und streckst deine Hand aus. Mit dem Finger folgst du dem Verlauf des eingravierten Siegels. Während du dies tust, fängt die Tür leicht zu vibrieren an. Es ist wie ein sanftes Brummen. Du weichst einen Schritt zurück, weil du unsicher bist, was dich erwartet.

Die Tür öffnet sich nach innen, und ein strahlendes, kristallines Licht dringt nach außen. Es hat die Farbe der Tür, die mit deinem Erzengel verknüpft ist. Das Licht flutet über dich, scheint durch dich hindurch und umgibt dich von allen Seiten.

Es lädt dich ein, einen Schritt über die Schwelle zu machen und in den Bereich jenseits der Tür einzutreten.

Du gehst durch die Tür und schließt sie hinter dir. Farben und ein leiser Klang umgeben dich. Es ist, als würden die Farben selbst zu deiner Begrüßung singen. Du siehst vor dir ein prächtiges Farbenmeer mit unterschiedlichen Schattierungen, Tönen und Tiefen. Es basiert vollkommen auf der Farbe des Erzengels, mit dem du Kontakt aufnehmen möchtest.

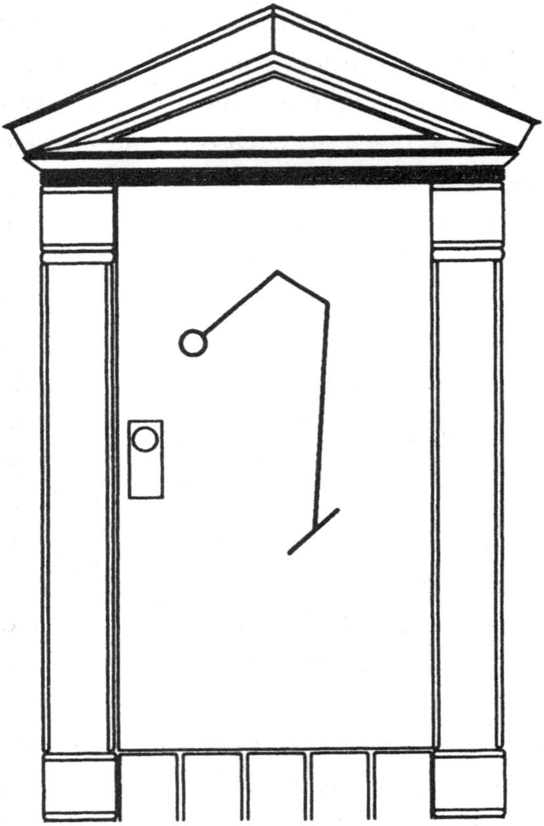

Stell dir vor, wie eine Tür vor deinem geistigen Auge Gestalt annimmt. In dieser Tür ist das Siegel des Erzengels eingelassen, mit dem du in Verbindung treten möchtest. Visualisiere die Tür in der Farbe, die mit dem entsprechenden Erzengel verknüpft ist.

In der Ferne ist eine Wolke angedeutet, die eine strahlendere Färbung hat. Sie bleibt an einer Stelle stehen, obgleich alles andere sich ständig bewegt und miteinander vermischt. Dir wird deutlich, dass sie durch Anrufen eingeladen werden muss.

Leise und zögerlich intonierst du den Namen des Erzengels. Die entfernte Wolke wird klarer. Mit größerem Vertrauen sprichst du erneut den Namen des Erzengels aus. Die Wolke schimmert und fließt langsam auf dich zu. Ein drittes Mal rufst du nun den Namen des Erzengels. Während du dies tust, schimmert die Wolke kristallinen Lichts, und ein großartiges Wesen aus Licht und Schönheit tritt daraus hervor.

Die Energie, die von diesem großen Wesen ausgeht, fühlt sich an wie Flügel, die sich über dich legen, dich erfüllen und dein Herz erheben. Niemals zuvor hattest du das Gefühl, dass dein Herz singen kann; aber in diesem Moment weißt du, dass es wahr ist.

Du hörst in deinem Bewusstsein, wie dein Name gesungen wird. Du wusstest gar nicht, dass er so gut zu singen ist. Du hebst deinen Blick und schaust diesen wundersamen Erzengel an. Seine Augen lassen dich nicht mehr los. Sein Blick ist älter als die Zeit und strahlt Strenge und unbegrenzte Liebe aus. Während du ihm in die Augen schaust, gehen dir Bilder durch den Kopf – Bildabfolgen und ganze Szenarien.

Du siehst die Orte in deinem Leben, an denen dir dieses

große Wesen ohne dein Wissen geholfen und dich unterstützt hat. Du siehst Bilder aus Zeiten und von Orten, die du nicht kennst. Du siehst Szenen von neuem Leben und neuem Abenteuer und neuer Freude, während du lernst, mit diesem wunderbaren Wesen zusammenzuarbeiten.

Während die Bilder verblassen, tritt der Erzengel vor und umarmt dich. Du hörst, wie er dir eine Botschaft ins Ohr flüstert. Ein sanfter Kuss auf deinen Kopf schickt Freudenströme durch deinen Körper und deine Seele. Du bist erfüllt von einem Gefühl herrlicher Freude.

Du bist dir einer neuen Kraft in deinem Innern bewusst und reichst vorsichtig mit deinem Herzen und deinem Verstand nach außen und berührst dieses großartige Wesen. Einen Moment lang ist die Intensität nicht auszuhalten, und für ein paar kurze Sekunden bist du mit diesem Lichtwesen eins. Du weißt, dass sich dein Leben für immer verändert hat.

Der Erzengel tritt nun wieder in die Wolke ein, und diese zieht sich langsam zurück in die Ferne. Die Tür hinter dir geht auf; und nachdem du einen letzten Blick zurückgeworfen hast, gehst du wieder über die Schwelle nach draußen. Sobald sich die Tür hinter dir geschlossen hat, verstehst du, dass sie niemals wirklich versiegelt ist. Es ist eine Tür, durch die du gehen kannst, wenn du auf den Flügeln von Engeln fliegen möchtest.

## Weitere Möglichkeiten, mit Engeln Kontakt aufzunehmen

Viele Überlieferungen sprechen vom Kontakt mit Engeln über die Tierkreiszeichen und den Einfluss der Planeten. Allgemeine Eigenschaften, die mit jedem Zeichen und jedem Himmelskörper verknüpft sind und die du in Astrologiebüchern findest, können dir dabei helfen, zu bestimmen, auf welche Weise diese engelhaften Wesen dein Leben beeinflussen.

Im Sternzeichen Krebs gibt es zum Beispiel Engel, die uns darin unterstützen, die eigenen Gefühle besser wahrzunehmen. Engel im Zeichen des Wassermanns helfen uns dabei, uns selbst zu finden. In jedem Abschnitt des Tierkreises oder Zodiaks arbeiten bestimmte Engel. Wenn im Lauf der Monate jeweils ein neues Sternzeichen vorherrscht, kann der Einfluss des betreffenden Engels von allen stärker gefühlt werden. Es lässt sich in einem bestimmten Monat auch leichter Kontakt zu dem Engel herstellen, der mit ihm assoziiert ist. Eine gute, sich alle zirka dreißig Tage verändernde Meditation besteht darin, sich immer die gleiche Tür vorzustellen, aber jedes Mal mit dem astrologischen Symbol des Sternzeichens, das gerade vorherrschend ist. Du solltest dann durch die Tür gehen und mit den Engeln des gerade vorherrschenden Sternzeichens kommunizieren.

Visualisiere in deiner Engelmeditation eine Tür, in der das astrologische Symbol des Planeten und das Siegel des Erzengels eingelassen sind. In dieser Darstellung würdest du dir also eine grüne Tür vorstellen, mit dem Symbol der Venus und dem Siegel für den Erzengel Haniel.

Saturn ♄
Erzengel: Tzaphkiel
Farbe: Schwarz

Jupiter ♃
Erzengel: Tzadkiel
Farbe: Blau

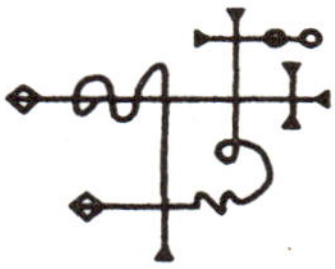

Mars ♂
Erzengel: Kamael
Farbe: Rot

Sonne ☉
Erzengel: Paphael
Farbe: Gold

Venus ♀
Erzengel: Haniel
Farbe: Grün

Merkur ☿
Erzengel: Michael
Farbe: Orange

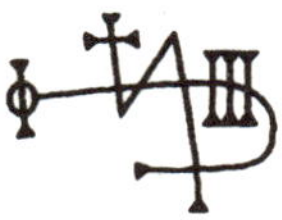

Mond ☽
Erzengel: Gabriel
Farbe: Violett

**Die Siegel der Erzengel und ihre Planeten**

Es gibt außerdem Erzengel, die mit bestimmten Himmelskörpern assoziiert sind. Viele von ihnen, speziell die so genannten sieben größeren Gestirne, haben bestimmte Siegel (siehe Abbildung S. 147). Zusammen mit den Symbolen der einzelnen Planeten können diese Siegel dir helfen, mit dem entsprechenden Erzengel des Planeten Kontakt aufzunehmen. Dies alles kann dazu dienen, dass du die planetarischen Einflüsse auf dein Leben besser verstehen lernst.

Bezieh zu diesem Zwecke einfach die Türmeditation auf einen bestimmten Planeten (ein Beispiel findest du in der Abbildung S. 146). Triff alle notwendigen Vorbereitungen, aber visualisiere diesmal das astrologische Zeichen des Planeten zusammen mit dem Siegel des zu dem Planeten gehörenden Erzengels.

Die Zusammenarbeit mit den Engeln sollte immer kreativ und voller Freude sein. Während du mit der vorangegangenen Engelmeditation zu arbeiten lernst, solltest du sie speziell auf deine Interessen zuschneiden. Erkunde neue Wege der Verbindung und Kommunikation mit den Engeln, indem du folgendermaßen vorgehst:

- Lies Bücher über Engel. Mach dich so gut wie möglich mit ihnen vertraut.
- Bete und meditiere, um mit ihnen zu kommunizieren und mit Menschen in Kontakt zu kommen, die auch daran arbeiten, Engel zu sehen und ihr Wirken zu verstehen.
- Verbring möglichst viel Zeit in der Natur.

- Mach irgendetwas Kreatives oder Künstlerisches. Du musst nicht perfekt darin sein, sondern solltest einfach nur Spaß daran haben. Dies bringt dich in engeren Kontakt mit Engeln.
- Lausche schöner Musik oder musiziere selbst, um dich für Engel zu öffnen, weil sie fast immer schon auf ein einfaches Lied hin reagieren.

Engel fühlen sich von allen angezogen, die daran arbeiten, ihr Selbst zu meistern. Wenn du dich immer wieder an sie erinnerst und ihnen gegenüber durch eine erweiterte Wahrnehmung offen bleibst, wirst du die Berührung durch ihre Flügel fühlen.

# Kapitel 7: Zusammenarbeit mit Naturgeistern

Kaum etwas beflügelt die Imagination mehr als die Vorstellung der Existenz von Feen und Elfen. Seit wir mit unserem rationalen Verstand nach immer mehr objektiv nachweisbarem Wissen trachten, sind wir jedoch nicht mehr so empfänglich für die Nuancen der Natur. Wir sehen nicht mehr mit den Augen eines Kindes oder eines Sehers. Stattdessen lachen viele über die, die so etwas tun, und verspotten sie.

Es ist leicht, dem Irrglauben zu unterliegen, dass wir alles über die Welt wüssten, etwa weil Forschungsreisende in fast jedem Winkel der Erde waren. Trotzdem oder gerade deshalb faszinieren uns weiterhin die Mythen und Geschichten der geheimnisvollen Reiche und Länder, die noch nicht erkundet worden sind. Viele von unseren Mythen und Legenden basieren dennoch auf Tatsachen – und ebendas ist der Grund, warum sie uns immer noch fesseln.

Indem wir unser Bewusstsein öffnen und das Leben wahrnehmen, das auf allen Daseinsebenen existiert, werden wir in Kontakt mit den ätherischeren Lebensbereichen kommen. Es gibt viele Namen für diese Naturreiche –

Eden, Hesperiden, Avalon und dergleichen mehr. Wenn wir damit anfangen, den Kontakt zu den geistigen Lebensbereichen herzustellen, folgen wir den Fußstapfen der Wesen, deren Wege in unseren Mythen und Märchen festgehalten sind.

Diese Entdeckungsreise ist nicht nur aufregend und voller Abenteuer. Sie bringt uns noch mehr – eine Zeit des Wachstums und der Reife bricht an. Eines der Ziele jeder geistigen Suche ist ein Zustand neuer und höherer Wahrnehmung.

Unsere Entdeckungsreise in die geistigen Lebensbereiche bringt uns in Kontakt mit jenen Naturwesen, die unsere Phantasie beflügeln. Feen und Elfen haben eine vitale und kreative Funktion im Leben; und wenn wir unsere Wahrnehmungsfähigkeit erweitern, werden wir auch sie kennen lernen.

Auf der ganzen Welt glauben Menschen an unsichtbare Geschöpfe und Wesen. Manche sind uns überlegen, andere aber auch unterlegen. Es gibt viele verschiedene Erklärungen dafür, was Feen und Elfen sind und woher sie kommen. Einige Quellen behaupten, es handle sich bei ihnen einfach »nur« um die Geister der Toten. Andere sehen sie als Überlebende einer Rasse, die älter als die Menschheit ist. Wieder andere sind der Ansicht, dass Feen und Elfen einfach zu den Engeln gehören.

Es gibt in der Tat viele Informationen über sie, aber nur wenig davon lässt sich verifizieren. Literatur, Lieder, Mystiker und Hellseher sind seit jeher die traditionellen Quellen. Die Wahrheit ist jedoch, dass die Welt der Feen und Elfen nur so weit von der unsrigen entfernt liegt, wie wir es erlauben.

Naturgeister sind die Kinder der Mutter Erde. Sie sind so vielseitig wie die Natur selbst und haben viele Gestalten und Größen. Weil ihre Energie sich nicht wie unsere in physischer Form ausdrückt, haben sie die Möglichkeit, in zahlreichen Dimensionen zu arbeiten. Obwohl Feen und Elfen meistens zu den Naturgeistern gezählt werden, sollten wir uns dieser Einteilung nicht bedingungslos anschließen. Sie sind in sich so unterschiedlich wie die Menschheit, aber wie die Menschen haben sie auch viel miteinander gemeinsam.

Fast alle Naturgeister suchen den Kontakt mit uns. Viele brauchen unsere direkte Unterstützung, um leben und sich entwickeln zu können. Sie haben auf uns die gleiche Wirkung, die wir auf sie haben. Unglücklicherweise verschreckt sie unser Missbrauch der Natur und unser Umgang miteinander. Er zwingt sie dazu, sich immer mehr von der Menschheit zurückzuziehen. Aber nicht alle sind dazu in der Lage. Einige sind daran gebunden, die Konsequenzen des menschlichen Verhaltens zu erleiden. Aus diesem Grund ist es zum Besten aller, in näherem Kontakt mit den Naturgeistern zu sein, sie besser zu verstehen und in Harmonie mit ihnen zu leben – auch wenn dies eine Anstrengung unsererseits erfordern mag.

## Die Lebensräume der Naturgeister

Gemeinhin wird gesagt, dass Feen und Elfen nicht mit dem physischen Auge gesehen werden können. Dennoch werden ihre Lebensräume in vielen Kulturen gleichermaßen beschrieben und mit den unterschiedlichsten Namen versehen: die westlichen Inseln, Tir Nan Og, Avalon, das Land der ewig Jungen, Em Hain, die Insel der Frauen, Nimmerland, Mittelerde usw. Sie leben überall und nirgends und sind immer in Wäldern und Graslandschaften zu finden. Die alteingesessene Vorstellung, dass sie in hohlen Bäumen leben, entspringt keineswegs nur der Phantasie.

Man kann Naturgeistern in Höhlen begegnen, an See- und Flussufern, unter Wasser sowie in Büschen und Bäumen. In allen Manifestationen der Natur sind sie zu finden. Feenhügel sind angehobene Flächen, die ihre Anwesenheit anzeigen. Feenringe sind Grasgebiete, die mit einer bestimmten Grenze markiert sind.

Die Pfade und Wohnbereiche der Naturgeister werden immer einfacher zu erkennen sein, wenn du anfängst, deine Wahrnehmung auszuweiten. Du wirst sehen, dass du bestimmte Naturgeister einfacher siehst als andere. Manche Menschen finden es leichter, sie in Wasserläufen zu erkennen. Ich habe keine Schwierigkeiten damit, sie in Büschen und Bäumen zu sehen. Wenn du anfängst, mit ihnen zu arbeiten, wirst du den Bereich in der Natur finden, in dem du sie am einfachsten wahrnehmen kannst.

Da Feen und Elfen den Menschen in der Regel nicht trauen, geben sie sich auch nicht so schnell zu erkennen. Verbring so viel Zeit in der Natur, wie du nur kannst. Wenn du anfängst, sie zu sehen, siehst du zuerst oft nur ein Schimmern oder einen Hinweis am äußeren Rand deines Blickfelds. Obwohl sie sich immer vermischen und ihre Gestalt ständig verändern, wirst du sie mit einem scharfen Auge und genügend Geduld immer besser in ihrem natürlichen Lebensbereich erkennen. Du siehst vielleicht Gesichter in Blumen und Sträuchern und denkst, es sei nur eine Lichtspiegelung oder entspringe deiner Phantasie. Doch auch wenn du sie nicht siehst, kann dein Aufenthalt in der Natur wenigstens dazu beitragen, dass du ihre Anwesenheit spürst. Wie gesagt fühlt sie sich beispielsweise an, als ob du mitten auf freier Wiese plötzlich durch ein Spinnennetz läufst.

Eine Gruppe dieser Wesen wird »Blumenelfen« genannt. Sie sind immer aktiv in Gebieten, in denen es Blumen gibt, sei es im Garten oder in der freien Natur. Es handelt sich um Wesen, die von ihrer Art an die »Fee Tinkerbelle« erinnern. Sie fühlen sich immer zu Kindern hingezogen, besonders wenn diese draußen spielen.

Es existieren auch Feen und Elfen, die sich hauptsächlich in Graslandschaften aufhalten. Wieder andere, die Fauni und Silvani, sind Waldkobolde. Sie gibt es sozusagen im Überfluss.

Felsen- und Steingeister sind ebenfalls weit verbreitet,

weiter, als sich die meisten von uns vorstellen können. Die Popularität der Kristalle hat viele Menschen in Verbindung mit diesen Naturgeistern gebracht. In jedem Kristall und in jedem Stein ist ein Deva oder Naturgeist, der mit ihm arbeitet. Die Felsen- und Steingeister sind sehr alt und äußerst stark. Steindevas befinden sich in jeder größeren Gesteinsformation. Manche glauben, dass die Steingeister den Schlüssel besitzen für die Türen der Prophezeiung, des Zaubers und des Wissens um geheime Schätze.

Über die Baumgeister steht viel geschrieben. Es handelt sich bei ihnen um lebende Wesen. Jeder Baum hat seinen eigenen Geist oder Deva. Er kann für kurze Zeit und auf geringe Distanz aus dem Baum hervortreten. Gewöhnlich sind Devas in der Nacht aktiver, weil sie dann nicht so sehr damit beschäftigt sind, dem Baum beim Wachsen zu helfen. Diese stärkere Aktivität in der Nacht macht Menschen eher dafür empfänglich, ihre Energie auch tatsächlich zu fühlen. Sie kann erfahren werden als Schauer, als Beklommenheit usw. Aus diesem Grund fühlen sich die meisten auch in der Nacht in einem Wald nicht wohl.

Baumgeister können uns nichts anhaben, aber ihre Energien sind stark und je nach Art des Baums verschieden. Der Kontakt mit ihnen kann dazu führen, dass man fröstelt oder dass einem der Schauer über den Rücken läuft. Weidengeister haben die Angewohnheit, Reisenden in dunklen Nächten zu folgen, wobei sie hinter dem Wanderer murmeln und bestimmte Geräusche machen. Dies alles sollte dir keine Angst einjagen – es ist eher erheiternd als Unheil verkündend.

Baumgeister können uns gegenüber sehr empfindsam sein. Aus diesem Grund haben manche Menschen einen Lieblingsbaum, der sie tröstet und wieder ins Gleichgewicht bringt. Eine Blautanne vor unserem Haus schien abgestorben zu sein, als wir einzogen. Doch schon nach einem Monat war sie wieder voll im Leben und strotzte vor Vitalität. Ich glaube, sie hatte sich einfach nach menschlichem Kontakt gesehnt. Seitdem ist sie eine große Stütze und ein guter Schutz für unser Haus.

Bäume beherbergen auch Elfenpopulationen. Verschiedene Arten von Feen und Elfen fühlen sich zu bestimmten Arten hingezogen. Sie passen gut auf die Gewächse auf, denn sie leben in enger Symbiose mit ihnen. Wir sollten also vorsichtig sein, wenn wir Bäume fällen, und zwar nicht nur aus ökologischen Gründen, sondern weil wir damit auch viele seltene Wesen ihrer Behausung berauben.

Das Haus, in dem ich gegenwärtig lebe, stand über ein Jahr leer, bevor ich es kaufte. Die Bäume, Sträucher und Gräser waren auf dem Grundstück wie wild gewachsen. Ohne weiter nachzudenken, entschied ich mich dafür, alles zu roden und wieder bei null anzufangen. Es war unglaublich schwierig, die Sträucher zu entfernen, obgleich dies keine Schwierigkeit hätte sein sollen.

Hinterher war es nicht leicht, irgendetwas in dem Bereich zu pflanzen, den ich gerodet hatte. Später, während einer meiner ersten Meditationen im neuen Haus, entdeckte ich den Grund dafür. Ich hatte die Wohnstätten von vielen Naturgeistern zerstört und sie obdachlos gemacht.

Damals habe ich die Lektion gelernt, wie schwierig es ist und wie viel Energie die Naturgeister aufbringen müssen, damit alles wächst. In den vergangenen sieben Jahren war es schwer, wieder ihr Vertrauen zu gewinnen. Dennoch sind die Naturgeister zurückgekehrt und geben sich wieder mehr zu erkennen. Bevor ich nun etwas beschneide, fälle oder ausgrabe, bitte ich sie um Erlaubnis und kündige mein Vorhaben vorher an.

Von allen Bäumen soll der Holunder die höchste Elfenpopulation beherbergen – mit vielen kleinen Elfen, die unter seinen Pflanzendächern leben. Er ist bekannt als Unterkunft für gute Feen und Elfen und als Schutz gegen böse Geister. Die Eiche ist im Zusammenhang mit Feen viel beschrieben und verehrt worden. Im Volksmund heißt es, dass sich die Eiche stark dagegen wehrt, gefällt zu werden. Von Ulmen glaubt man, dass sie um gefällte Mitglieder ihrer Familie trauern. Der Weißdorn wurde schon immer für einen Feenstrauch gehalten. Ihn zu entwurzeln, würde Unglück bringen.

Obwohl sie überwiegend Bereiche in der Natur bewohnen, kommt es nicht selten vor, dass Naturgeister auch unter oder in menschlichen Wohnräumen leben. Normalerweise mögen es diese Wesen, in Häusern zu sein, wo es Kinder und viel Aktivität gibt, denn sie selbst sind unermüdlich und voller Energie. Sie helfen dabei, dass in dem Haus alles gut funktioniert und alle gut miteinander auskommen. Sie können aber auch schelmisch und sogar boshaft sein. Der Überlieferung nach soll man sie nicht bezahlen – besonders nicht mit Kleidung –, oder sie verschwinden für immer. Manchmal geschieht es auch, dass dunkle Elfen sich im Haus von Menschen einnisten. Sie lieben die dunklen Ecken in den Räumen und kommen gewöhnlich nur in der Nacht zum Vorschein. Sie sind nicht gefährlich und tun uns nichts, aber sie können großes handwerkliches Geschick anregen. Ihre Energie ist sehr stark. Viele Menschen spüren ihre Gegenwart irgendwie, ohne sich dessen bewusst zu sein.

Als ich heranwuchs, hat meine Mutter immer die Wäsche im Keller gewaschen, und es war interessant zu beobachten, was meine Brüder (und ich selbst) machten, wenn wir gebeten wurden, die gewaschene Wäsche aus dem Keller zu holen. Das Licht wurde eingeschaltet, aber es war niemals hell genug. Wir gingen schweigend die Stufen hinunter und fingen an, die Wäsche auf unsere Arme zu stapeln. Sobald wir alles eingesammelt hatten, beschlich jeden von uns ein ungutes Gefühl. Wir schauten uns ängstlich um und suchten nach Schatten. Dann stürzten wir die Kellertreppe wieder hoch – auf Zehenspitzen, um unseren schnellen Abgang zu kaschieren. An der Kellertür hielten wir inne, um uns zu beruhigen und so zu tun, als wäre nichts geschehen und als wären wir ganz gemütlich wieder nach oben gegangen.

Viele kennen diese Gefühle und Erfahrungen aus ihrem eigenen Haus. Sie werden nicht nur durch abergläubische Ängste stimuliert. Oftmals sind sie ein Hinweis auf die Anwesenheit einer dunklen Elfe. Ihre Energie beeinflusst unsere fühlende Natur. Uns fröstelt, oder es läuft uns ein Schauer über den Rücken, und wir fühlen uns unwohl oder spüren, dass wir nicht allein sind.

Oft sprechen Naturgeister auch mit uns, ohne dass wir uns dessen bewusst sind. Hast du jemals auf einem Spaziergang erlebt, dass eine Kiefer sich leicht bewegte, während du an ihr vorbeigingst? Hast du jemals den Duft einer Blume aufgesogen, während die anderen, die mit dir waren, keine Notiz davon nahmen? Hat ein Baum an einem windstillen Tag geraschelt, während du unter seiner Krone standest? Gab es genau in dem Moment eine kleine Welle im Teich oder im Bach, als du dich ans Ufer gesetzt hast? Dies alles wird von Naturgeistern bewirkt, die mit dir Kontakt aufnehmen und zu dir sprechen.

Naturgeister finden sich in allen Elementen – Erde, Steinen, Wasser, Luft und selbst in den tiefen Feuern der Erde. Ihre Gegenwart und ihre Berührung sind ganz fein und subtil. Wenn du dich auf die Suche machen willst, um die Feenreiche zu entdecken, solltest du dich den Naturelementen öffnen, die dir am vertrautesten sind. Schau dich um, denn auch wenn du sie nicht wahrnimmst, ist die Wahrscheinlichkeit groß, dass sie in deinem Leben anwesend sind und eine bestimmte Rolle spielen.

## Elementarwesen und Naturgeister

Oftmals herrscht Verwirrung darüber, wie sich Elementarwesen von Naturgeistern unterscheiden – und zwar besonders jenen Naturgeistern, die gewöhnlich Feen und Elfen genannt werden. Die meisten Menschen glauben, Feen und Elfen seien sowohl Naturgeister als auch Elementarwesen, aber es gibt einen Unterschied. Sie stammen alle aus der gleichen Hierarchie (der Engel), aber sie haben auf verschiedenen Ebenen unterschiedliche Funktionen.

Die Wesen auf der Ebene der Naturgeister verfügen normalerweise über mehr »Persönlichkeit«, während die Elementarwesen nur »bestimmte Eigenschaften« haben. In jeder Familie gibt es zum Beispiel ein bestimmtes Charakteristikum, das alle Familienmitglieder haben – eine Tendenz zur Kahlköpfigkeit, zum Schlanksein, eine gekrümmte Nase usw. Obwohl alle das gleiche Merkmal haben, verfügt doch jedes Familienmitglied über eine einzigartige Persönlichkeit.

Elementarwesen sind das Grundmaterial der Natur. Sie sind fast nur Energie und Bewusstsein. Wenn wir mit ihnen in Berührung kommen, stimulieren sie in uns heftige Reaktionen. Ein Weg, um alle Energien und Wesen der Natur wahrzunehmen, besteht darin, die Elementarwesen kennen zu lernen und mit ihnen zusammenzuarbeiten.

Elementarwesen sind vierdimensional. Es gibt nichts, was ihre Bewegung aufhalten könnte, und daher gehen sie so leicht durch feste Materie wie wir durch Luft. Für ihre eigene Evolution ist es notwendig, dass sie hin und wieder Kontakt mit uns haben. Es gibt einen Aufseher, der sie führt und der traditionell der König des betreffenden Elements genannt wird. Die Erzengel beaufsichtigen die Aktivitäten der Könige, und jeder König überwacht die Aktivitäten einer Gruppe von Elementarwesen und Naturgeistern. Im Plan der Evolution ist alles in Hierarchien aufgeteilt.

**Die Hierarchie der Elementarwesen und Naturgeister**

| Element | Elementarwesen | König | Überwachender Erzengel |
|---|---|---|---|
| Erde | Gnomen | Ghob | Auriel |
| Wasser | Undinen | Niksa | Gabriel |
| Luft | Sylphen | Paralda | Raphael |
| Feuer | Salamander | Djin | Michael |
| Äther | – | – | Christus |

Das fünfte Element Äther ist das Element, aus dem die anderen vier entspringen. Es wurde noch nie eindeutig den oberen Kategorien zugeordnet und umfasst die Aspekte aller anderen Elemente und die dazugehörigen Wesen.

Es gibt vier vorherrschende Ebenen elementarer Wesen: Gnomen, Undinen, Sylphen und Salamander.

### *Gnomen (Elementarwesen der Erde)*

Dies ist ein Gattungsbegriff, und die so bezeichneten Wesen sollten nicht verwechselt werden mit unserer gewöhnlichen Vorstellung von Gnomen. Dem Aussehen nach sind sie »irdisch«: Sie können nicht fliegen, verbrennen im Feuer und werden auf ähnliche Weise alt wie wir Menschen. Verschiedene Arten von Naturgeistern fallen unter diese Kategorie, jede Art mit ihrem eigenen Grad an Bewusstheit.

Gnomen erhalten und entwickeln die physische Struktur der Erde. Sie helfen, Farbe in unsere Welt und unser Leben zu bringen. Darüber hinaus verbinden sie uns mit den Erdenergien und zeigen uns, wie wir diese verborgenen Kräfte am besten nutzen können.

Es ist die Aufgabe der Gnomen, den Körper der Menschen zu erhalten – seinen Aufbau, seine Zusammensetzung von Mineralien usw. Ohne die Gnomen könnten wir in der materiellen Welt nicht existieren. Durch ihre Verbindung und Arbeit mit den Menschen kommen viele Elementarwesen mit der Seele in Berührung und können sich weiterentwickeln. Das, was wir tun, wirkt sich direkt auf sie aus. Wenn wir den Körper missbrauchen, missbrauchen wir auch das Elementarwesen, das uns zugeordnet ist.

Gnomen sorgen dafür, dass Pflanzen, Büsche und Bäume

wachsen. Es ist ihre Aufgabe, ihnen den richtigen Farbton zu geben. Sie stellen darüber hinaus die Mineralien und Kristalle her und kümmern sich um Grund und Boden, sodass wir einen Platz haben, an dem wir wachsen und uns entwickeln können. Sie sind die Wesen der Handwerkskunst.

Gnomen bewachen die Schätze der Welt und helfen den Menschen dabei, die Werte im Erdinnern oder Teile davon zu finden. Dies kann ein verborgener Schatz sein, die Energie eines Kristalls oder Steins oder das »Gold« in unserem Leben. Sie helfen uns, vernünftig und geerdet zu sein, und daher ist es mehr als sinnvoll, sich regelmäßig mit ihnen zu verbinden – besonders in Zeiten, in denen wir zu »flatterhaft« sind.

Gnomen arbeiten mit den Menschen durch die Natur und geben selbst jedem Stein seine Individualität und seine eigene Energie. Sie tun dies mit allen Aspekten der Natur; daher können wir auch aus jedem Bereich lernen. Alle Bäume, Felsen und Blumen haben etwas, was sie uns lehren können.

### *Undinen (Elementarwesen des Wassers)*

Undinen sind überall zu finden, wo es ein natürliches Wasservorkommen gibt. Regen, Flüsse, Ozeane usw. sind ein Ausdruck ihrer gewaltigen Aktivität. Wie die Gnomen sind auch sie sterblich, aber sie können mehr ertragen und aushalten.

Die Undinen erhalten den astralen Körper des Menschen und stimulieren unsere Gefühle. Hierbei kann es sich sowohl um erhabene Gefühle als auch um die tiefsten irdischen Emotionen handeln. Ihre Energie ist Schöpfung, Geburt und Intuition.

Außerdem ist jedem von uns eine Undine zugeteilt, um uns bei der Funktion der Körperflüssigkeiten zu helfen, zum Beispiel Blut oder Lymphflüssigkeit. Der Missbrauch unseres Körpers hat auch negative Auswirkungen auf sie. Da eine Undine uns einmal zugeordnet ist, kann sie das, was wir tun, nur erleiden. Das Wachstum der Undinen ist eng mit uns Menschen verknüpft. Nur wenn wir uns weiterentwickeln, entwickeln auch sie sich weiter.

Blutkrankheiten wie zum Beispiel Aids »vergiften« sie, da diese Krankheit Auswirkungen auf die Körperflüssigkeiten hat. Die Undine ist an das Karma und den Verlauf der Krankheit gefesselt und kann sich nicht davon befreien. Wasser ist der Lebensquell, und daher helfen uns die Undinen auch, unsere innere Quelle zu finden. Sie sind unverzichtbar für Einfühlungsvermögen, Heilung und Reinigung.

Normalerweise sind Undinen weiblich, aber es gibt auch männliche. Sie helfen uns dabei, unsere Schönheit zu entdecken – sowohl die innere als auch die äußere. Durch ihre Unterstützung erkennen wir, dass wahre Schönheit durch unser Handeln entsteht und nicht von unserem Aussehen abhängt.

Undinen stimulieren bei Menschen außerdem starke Emotionen und Kreativität. Sie bauen uns dabei auf, wenn wir unsere Lebenserfahrungen innerlich verarbeiten, sodass wir so viel wie möglich daraus lernen können. Durch sie fühlen wir die volle Ekstase in unserem kreativen Ausdruck – sei er sexueller oder künstlerischer Natur. Und wir lernen durch sie, eine Pflicht mit der richtigen emotionalen Einstellung zu erfüllen.

Oft arbeiten die Undinen im Traum mit uns. Träume, in denen Wasser und Sinnlichkeit vorkommen, sind häufig ein Ausdruck ihrer Aktivität. Die Zusammenarbeit mit ihnen stärkt den astralen Körper für bewusste Erfahrungen außerhalb unserer physischen Hülle.

### *Sylphen (Elementarwesen der Luft)*

Sylphen entsprechen wahrscheinlich eher unseren Vorstellungen von Feen als alle anderen Elementarwesen. Sie wirken Seite an Seite mit den Engeln und sind Teil des schöpferischen Elements der Luft. Durch ihre Arbeit kommen eine kühle Brise oder der mächtigste Tornado zustande.

Nicht alle Sylphen sind auf den Lebensraum Luft beschränkt, und die meisten verfügen über eine hohe Intelligenz. Manche haben viel mit den Menschen zu tun. Sie helfen uns, Schmerzen und Leiden zu überwinden, und regen Inspiration und Kreativität an. Zu ihren Spezialaufgaben gehört es, Kindern zu helfen, die gerade gestorben sind. Sie wirken auch vorübergehend als Schutzengel, bis wir uns öffnen und das Wesen anziehen, das unser wirklicher heiliger Schutzengel sein wird.

Auch eine Sylphe ist jedem menschlichen Individuum zugeordnet. Sie hilft uns, unseren mentalen Körper zu erhalten. Unsere Gedanken (seien sie gut oder schlecht) haben daher den größten Einfluss auf Sylphen. Sie helfen uns, beim Atmen den Sauerstoff aus der Luft aufzunehmen. Alles, was mit Luft in unserer nächsten Umgebung zu tun hat, wird von ihnen beeinflusst. Luftverschmutzung, Rauchen und dergleichen Übel mehr haben eine direkte Auswirkung auf ihre Kapazität und beschränken ihren positiven Effekt auf unser Leben.

Sylphen stimulieren neues Wissen und neue Inspiration. Sie reinigen und erheben unsere Gedanken und beflügeln unsere Intelligenz. Wenn du tief einatmest und eine süße Frische in der Luft bemerkst, spürst du ihr wohltuendes Schaffen.

Die Sylphen bewirken, dass wir unsere Intuition und unseren rationalen Verstand gleichzeitig benutzen. Obwohl sie sich gern in menschenähnlicher Gestalt zeigen, sind sie eigentlich asexueller Natur. Tatsache ist, dass sie diesen Aspekt in anderen fördern. Meiner Erfahrung nach steht die Sexualität bei Menschen mit starker Aktivität der Sylphen nicht weit oben auf der Prioritätenliste, und sie verstehen auch nicht, wie dies bei anderen der Fall sein kann. Die Sylphen bewirken, dass unser kreativer sexueller Ausdruck auch in andere Lebensbereiche fließt, wie zum Beispiel in die Arbeit usw.

Sylphen unterstützen den Menschen ebenso beim Schutz seines Hauses und seines Besitzes. Ihre Energie kann so stark sein, dass sie Eindringlinge verwirrt oder diese sich plötzlich Gedanken darüber machen, warum sie in deine Privatsphäre eindringen.

### *Salamander (Elementarwesen des Feuers)*

Diese Elementarwesen sollte man nicht mit den Reptilien gleichen Namens verwechseln. Salamander sind ebenfalls überall anzutreffen. Kein Feuer wird ohne ihre Hilfe entfacht. Meistens sind sie unterhalb des Erdbodens aktiv und wirken innerhalb des Körpers und des Geistes. Sie sind verantwortlich für Gewitter, Explosionen und Vulkane.

Salamander rufen kraftvolle emotionale Schübe im Menschen hervor. Sie stimulieren auch spirituellen Idealismus und das Feuer geistiger Wahrnehmung. Ihre Energie hilft dabei, das Alte niederzureißen und das Neue aufzubauen, denn das Feuer ist in seinem kreativen Ausdruck sowohl destruktiv als auch konstruktiv.

Salamander wirken ebenso im physischen Körper, wo sie den Kreislauf unterstützen und für eine gleich bleibende Körpertemperatur sorgen. Sie wirken auf den Stoffwechsel ein, um den allgemeinen Gesundheitszustand zu verbessern. Ein langsamer Stoffwechselprozess ist oft ein Anzeichen für eine träge Salamanderaktivität, während ein schneller auf eine hohe Aktivität dieser Elementarwesen hinweist.

Salamander lieben Musik über alles, aber in erster Linie sind sie ein Ausdruck unbändiger Natur. Ihre Energien sind sehr aufwühlend, und es bedarf einer großen Fähigkeit, sie zu kontrollieren und auszurichten, wenn man die besten Ergebnisse erzielen will. Ein Komponist oder ein Dichter oder jemand, der sonst in irgendeiner Weise mit der kreativen Macht der Worte arbeitet, sollte sich auf jeden Fall mit den Elementarwesen des Feuers verbinden.

Salamander wirken mithilfe von Feuer und Hitze auf den Menschen ein. Ihre Aktivität umfasst die ganze Bandbreite von einer Kerzenflamme bis zu ätherischen Feuern und dem täglichen Licht der Sonne. Die Elementarwesen des Feuers können äußerst kraftvoll im Heilungsprozess sein, speziell bei der Entgiftung des Körpers in kritischen Situationen. Ihre Energie sollte dann jedoch behutsam eingesetzt werden, weil sie sehr dynamisch und nur schwer zu kontrollieren ist. Die Elementarwesen des Feuers sind fast immer zugegen, wenn es darum geht, etwas zu heilen.

Salamander können eine höhere spirituelle Vision und Sehnsucht erwecken. Sie stärken und stimulieren das gesamte Feld unserer Aura, sodass wir zu höheren geistigen Sphären leichteren Zugang haben.

## Elementarwesen und die Elemente

Wir stehen zumeist mit ganz bestimmten Elementarwesen in besonderer Harmonie. Es ist wichtig, dies zu wissen und die entsprechenden Elemente herauszufinden, denn dadurch lassen sich die Türen zur Wahrnehmung des inneren Bereichs leichter öffnen. Wie aber können wir feststellen, mit welchen Elementarwesen wir uns in besonderer Harmonie befinden? Nun, es gibt zwei einfache Methoden, um dies herauszubekommen.

Die erste ist die Astrologie. Jedes Tierkreis- bzw. Sternzeichen ist mit einem der vier Hauptelemente Erde, Wasser, Luft und Feuer assoziiert. Das Zeichen deines Geburtshoroskops reflektiert die Energien, die du in deinem Leben zu entfalten hoffst. Das zu diesem Zeichen gehörende Element weist auch darauf hin, welches Element du weiterentwickeln möchtest. Die Wesen, die zu dem Element gehören, unterstützen dich in diesem Prozess und erleichtern es dir, dich auf sie auszurichten und bewusst mit ihnen zu arbeiten. Dies bedeutet keineswegs, dass du nicht auch eine Affinität zu anderen Elementen haben kannst. Es besagt nur, dass du aufgrund deiner speziellen Verbindung mit einzelnen Elementen leichteren Zugang zu ihnen hast.

Die zweite Methode besteht darin, das vorherrschende Element in deinen Vornamen zu finden. Wie in der Tabelle gezeigt, sind die Vokale in deinem Namen dafür ein ausgezeichneter Indikator.

| Vokal | Element | Elementarwesen |
| --- | --- | --- |
| A | Äther | Alle vier Gruppen von Elementar wesen |
| E | Luft | Sylphen |
| I | Feuer | Salamander |
| O | Wasser | Undinen |
| U | Erde | Gnomen |

Wie bei den Erzengeln zeigt dir auch hier der vorherrschende Vokal (der bei der Aussprache am meisten betont wird), zu welcher Gruppe von Elementen du den leichtesten Zugang hast. Die anderen Selbstlaute in deinem Vornamen weisen auf Elementarwesen hin, mit denen du auch in besonderer Verbindung stehst, zu denen du jedoch nicht so leicht Zugang findest wie zur ersten Gruppe.

Wer durch den vorherrschenden Vokal mit dem Element Äther verbunden ist, hat eine größere Verantwortung als die meisten Menschen. Dieses Element ermöglicht nämlich den Zugang zu allen Elementarreichen und erhöht die Fähigkeit, mit allen Elementen zu arbeiten.

Wenn das Element deines Sternzeichens und das aus deinem Vornamen identisch sind, solltest du dich ganz auf die Zusammenarbeit mit diesen Wesen konzentrieren. Sind die Elemente entgegengesetzt, so bedeutet dies nicht, dass sie sich gegenseitig ausschließen. Verwende die Tabellen ab Seite 174, um die Rolle zu verstehen, die Elementarwesen in deinem Leben spielen.

Wenn du mit diesen Tabellen arbeitest, solltest du immer bedenken, dass das Element Äther die Wirkung aller Elemente verstärkt, mit denen es in Berührung kommt. Es wird die positiven und die negativen Aspekte steigern oder hat zumindest das Potenzial dazu.

Wenn du diesen Anleitungen folgst, wirst du sehen, wie leicht es ist, die Tür zu den Reichen deiner Elemente zu öffnen:

- Begib dich an einen Ort in der Natur, der dein Element widerspiegelt. Wenn es die Erde ist, such einen abgelegenen Platz auf, an dem du ungestört sitzen und die Erde fühlen kannst. Ist es Wasser, so setz dich an einen Fluss oder Teich. Wenn dein Element Luft ist, such dir einen Tag aus, an dem der Wind weht. Läuft es aufs Feuer hinaus, setz dich irgendwohin und sonn dich im vertretbaren Maß.
- Achte darauf, dass du ungestört bist. Entspann dich. Praktiziere die Mystische Hochzeit (siehe Kapitel 3).
- Stimm leise den Namen des Erzengels an, der für dein Element steht – und zwar Silbe für Silbe, wie im letzten Kapitel beschrieben. Benutze die Tabelle »Die Hierarchie der Elementarwesen und Naturgeister« in diesem Kapi-

tel, um den richtigen Erzengel für dein Element herauszufinden. Während du den Namen anrufst, solltest du visualisieren, wie die Farbe des Erzengels dich umhüllt.

- Halt inne und stimm dann leise dreimal den Namen des Königs deines Elements an. Gib jeder Silbe die gleiche Betonung. Sieh, wie die Farbe in deinem Umfeld immer kräftiger wird.

| **Element** | **König** | **Aussprache** |
|---|---|---|
| Erde | Ghob | (Gohb) |
| Wasser | Niksa | (Nick-Sah) |
| Luft | Paralda | (Pah-Rahl-Dah) |
| Feuer | Djin | (Dschihn) |

- »Verkünde« oder sing deinen Namen dreimal leise.
- Intoniere nun den Klang des vorherrschenden Vokals. Beim Einatmen schweigend und beim Ausatmen deutlich hörbar. Mach diese Übung langsam und so, dass du dich dabei wohl fühlst. Stell dir vor, dass du auf diese Weise die Elementarwesen zu dir rufst.
- Erweitere deine Sinne nach außen hin. Fühl die Energien, die dich umgeben. Öffne langsam deine Augen und lass die umgebende Natur auf dich wirken. Durch diese Übung teilst du den Elementarwesen mit, dass du für

eine bewusstere Zusammenarbeit mit ihnen bereit bist. Lass sie dir mitteilen, wie du ihre Energien konstruktiv für den Rest des Tages nutzen kannst.

Mittelalterliche Zauberer waren in der Lage, Elementarwesen herbeizurufen und mit ihrer Hilfe phantastische Geschöpfe zu materialisieren. Es war nicht ungewöhnlich, dass jene Zauberer ätherische Drachen schufen, damit diese ihr Haus beschützten. Es konnte sich dabei um Feuer-, Wasser-, Erd-, Luftdrachen oder jede beliebige Kombination von ihnen handeln.

## Das Verhalten der Feen verstehen lernen

Mit dem Feenreich hat es viel mehr auf sich, als wir gemeinhin annehmen. Feen sind nicht »generell böse«, wie manche glauben, aber sie können bisweilen boshaft und schelmisch sein. Unter Umständen rufen ihre Energien darüber hinaus eine starke Stimulation hervor und führen sogar zu veränderten Bewusstseinszuständen.

Die so genannten Pixies aus der englischen Mythologie werden dafür verantwortlich gemacht, dass Reisende sich verirren. Sie können unsichtbar werden, und ihre Energie ist so stark, dass sie die Sinne zu benebeln vermögen, was dazu führen kann, dass man unterwegs eine gewohnte Markie-

## Vokale und astrologische Elemente

| | |
|---|---|
| **Element**: | Erde |
| **Vokal**: | U |
| **Sternzeichen**: | Stier, Jungfrau, Steinbock |
| **Eigenschaften des Elements:** | Schafft Notwendigkeiten, geerdet, gutes Zeitgefühl, ausgeglichen, sich seiner selbst bewusst, versteht Emotionen – aber auch geizig, kontrollierend, grob, kein Mitgefühl |
| **Wirkt durch**: | Gnomen |

| | |
|---|---|
| **Element**: | Wasser |
| **Vokal**: | O |
| **Sternzeichen**: | Krebs, Skorpion und Fische |
| **Eigenschaften des Elements:** | Verstehen, emotional, telepathisch, empfindsam, künstlerisch, romantisch – aber auch reserviert, unbeeindruckt, zügellos, übertreibt Gefühle, zu lustbetont |
| **Wirkt durch**: | Undinen |

| | |
|---|---|
| **Element**: | Luft |
| **Vokal**: | E |
| **Sternzeichen**: | Zwillinge, Waage und Wassermann |
| **Eigenschaften des Elements:** | Mental, erfinderisch, intelligent, schnell, aufmerksam, kooperativ, menschlich – aber auch kalt, zurückhaltend, imitierend, nervös, oberflächlich |
| **Wirkt durch**: | Sylphen |

| | |
|---|---|
| **Element:** | Feuer |
| **Vokal:** | I |
| **Sternzeichen:** | Widder, Löwe und Schütze |
| **Eigenschaften des Elements:** | Mut, Selbstsicherheit, Intuition, Hilfsbereitschaft, kreativer Ausdruck, Stärke, aktive Lebenskraft – aber auch aufzwingend, fanatisch, selbstbesessen und autoritär |
| **Wirkt durch:** | Salamander |

| | |
|---|---|
| **Element:** | Äther |
| **Vokal:** | A |
| **Sternzeichen:** | Äther ist die »Substanz«, aus der alles erschaffen wurde |
| **Eigenschaften des Elements:** | Äther ist der spirituelle Aspekt, der alle anderen Elemente beeinflusst und außer Kraft setzen kann. Er durchdringt die gesamte Schöpfung |
| **Wirkt durch:** | Alle |

Über die Vokale, die der Erde und dem Äther zugeordnet sind, gibt es verschiedene Meinungen. Die hier dargestellten Verknüpfungen sind Empfehlungen. Wichtig ist, wie *du* dich mit den Elementarwesen verbindest und welchen Einklang *du* mit ihnen herstellst. Ich selbst benutze das »U« für das Element Erde, weil sein Klang auch mit den Funktionen des Basischakras verbunden ist. Das »A« ordne ich dem Äther aufgrund seiner Verbindung zum Herzchakra zu, das in gleicher Weise zwischen allen Energien des Körpers vermittelt, wie der Äther die Energien aller Elemente miteinander in Beziehung bringt.

## Verknüpfungen von Elementen

**Verknüpfte Elemente**: Feuer mit Feuer
**Eigenschaften und Beziehungen**: Starker Impuls und starke Stimulation; kann sich selbst verbrennen; muss ein praktisches Ventil finden; viel Energie, um Lebensziele zu erreichen; muss Selbstausdruck ausbalancieren.

**Verknüpfte Elemente**: Luft und Luft
**Eigenschaften und Beziehungen**: Übertrieben mental; nicht zielgerichtet genug; viele Ideen im Kopf, die einer praktischen Umsetzung bedürfen; redselig und ausdrucksvoll.

**Verknüpfte Elemente**: Wasser und Wasser
**Eigenschaften und Beziehungen**: Kann zusätzliche Tiefe bewirken; erhöhte Sensibilität; leicht in den Gefühlen verletzt; Intoleranz; kann zur Instabilität führen; ein realistischer Fokus ist notwendig.

**Verknüpfte Elemente**: Erde mit Erde
**Eigenschaften und Beziehungen**: Braucht Anregungen, um latente Anlagen zu manifestieren; kann Trägheit verursachen; materialistisch; muss lernen, sich selbst auszudrücken und persönliche Beziehungen einzugehen; stabilisierend; versteckte Talente.

**Verknüpfte Elemente**: Feuer mit Erde
**Eigenschaften und Beziehungen**: Lernen, dass das Feuer auch seine Grenzen hat; hohe Ideale auch umsetzbar machen; inspiriert größere Beweglichkeit; kann die Kraft des Feuers bändigen, den persönlichen Ausdruck stimulieren.

**Verknüpfte Elemente**: Feuer mit Luft

**Eigenschaften und Beziehungen**: Passt gut zusammen; zu viel Luft und zu viel Feuer ist nicht kontrollierbar; Feuer kann die Eigenschaften der Luft zum Guten und zum Schlechten hin verändern; stärkt Ideale und fördert ihre Umsetzbarkeit.

**Verknüpfte Elemente**: Feuer und Wasser

**Eigenschaften und Beziehungen**: Feuer verwandelt Wasser in Dampf; Wasser löscht Feuer aus; wenn die Kombination ausgeglichen ist, erwachsen aus ihr brauchbare Ideen und zielgerichtete Aktivitäten; der Prozess der Alchemie sollte verstanden werden.

**Verknüpfte Elemente**: Erde mit Luft

**Eigenschaften und Beziehungen**: Luft stimuliert die Eigenschaften der Erde; Früchte brauchen Sauerstoff; die Erde stabilisiert die unbeständigen Aspekte der Luft.

**Verknüpfte Elemente**: Erde mit Wasser

**Eigenschaften und Beziehungen**: Gute Kombination, denn beide sind notwendig, damit etwas wachsen kann; die Erde stabilisiert das ruhelose Wasser, und Wasser verhindert Trockenheit und ein nichtfühlendes Wesen.

**Verknüpfte Elemente**: Luft und Wasser

**Eigenschaften und Beziehungen**: Luft hält das Wasser frisch; das Element Wasser kann sich unerfüllt fühlen, wenn das Element Luft die Gefühle nicht versteht; der Intellekt gleicht Übersensibilität aus; das Wasser erweitert die Möglichkeiten der Luft.

rung verpasst. Diese intensive Energie bewirkt in einer bekannten Umgebung eine veränderte Wahrnehmung (ein Gefühl der Benommenheit), sodass man nicht mehr weiß, wo man ist. Reisende werden oft aus lauter Spaß von Pixies in die Irre geführt.

Gegen diese Benommenheit soll es helfen, wenn man das Innere seines Mantels nach außen dreht, denn dadurch wird die Wahrnehmung gezwungen, in ihrem normalen Zustand zu bleiben.

Die verschiedenen Arten von Naturgeistern unterscheiden sich in ihren Auswirkungen auf den Menschen und unsere Umgebung. Fast keiner von ihnen hat die Kraft, uns wirklich zu schaden. Um sich vor uns zu schützen, können sie andere Maßnahmen ergreifen. Dazu gehören die Levitation (das freie Schweben), Gestaltveränderung, Zauber, Unsichtbarkeit usw. Manche hüten das Geheimnis großer Heilung und großer Schätze in der Erde. Einige sind meisterliche Handwerker und andere großartige Musiker. Wieder andere haben die Fähigkeit, Glück oder Unglück zu vermitteln.

Alle Feen, Elfen, Gnomen, Elementarwesen und andere Naturgeister besitzen die Fähigkeit, sich in physischer Form zu offenbaren, wenn sie dies wünschen. Sie nehmen dann oft die Gestalt an, die die Menschen zu sehen erwarten.

Beim Kontakt mit Naturgeistern gibt es bestimmte Tabus zu beachten. Willst du mit ihnen zusammenarbeiten, solltest du sorgfältig darauf achten, dass du diese Tabus nicht brichst. Wenn du über ein Feenwesen oder ein Geschenk von ihnen schlecht sprichst, werden sie sich von dir zurückziehen. Sie selbst oder eins ihrer Präsente zu leugnen, wird sie ebenfalls auf Distanz gehen lassen und kann dazu führen, dass man zeitweise eine Pechsträhne hat. Offen über die Anwesenheit einer Fee oder die Tatsache eines Geschenks von ihr zu sprechen, wenn dies ein Geheimnis bleiben soll, wird mit Geringschätzung bestraft.

Wie erkennen wir, dass wir ein Geschenk der Feen erhalten haben? Feenwesen drücken ihre Verbundenheit mit den Menschen oft konkret aus, besonders wenn es sich um solche handelt, die sie mögen. Wenn man der Natur Gutes tut, zahlen sie es zurück mit einer Glückssträhne. Der Beschenkte kann zum Beispiel unverhofft geschäftlichen Erfolg haben. Während einer Séance kann es mithilfe von Elementarwesen zu spontanen Materialisationen (oder dem Herbeibringen von Gegenständen durch Geister) kommen, wie etwa von bestimmten Steinen, Muscheln, Blumen usw. Die Materialisationen haben gewöhnlich eine spezielle Bedeutung für den Beschenkten.

Gehst du in der Natur spazieren, wirst du vielleicht von einem lieblichen Duft begrüßt. Dies kann das Geschenk einer Blumenfee für dich sein. Oder du findest auf deinem Weg eine Feder. Sie ist möglicherweise ein Geschenk von einer Sylphe, die dir helfen will, dich stärker mit diesen Elementargeistern zu verbinden. Vielleicht schenkt dir jemand aus heiterem Himmel einen Kristall oder einen Stein. Hierbei kann es sich um ein Präsent aus dem Reich der Gnomen handeln. Wenn jemand dich unvermittelt umarmt oder dir ein Kompliment macht, wird dies der Einfluss der Undinen sein.

Die Naturgeister lehren uns, die Phänomene unseres Alltags nicht als selbstverständlich vorauszusetzen, sondern sie immer wieder neu zu würdigen. Wir sollten solche Gelegenheiten schätzen und dankbar dafür sein – gleich, wodurch sie zustande kommen (sei es durch Feen oder auf welche Weise auch immer). Wenn wir sie zum Inhalt unserer Meditation machen, erhalten wir vielleicht Einblick in ihren Ursprung.

Die Bewohner des Naturreichs haben eine anspruchsvolle Ethik. Untereinander achten sie auf einen hohen Standard von Loyalität. Sie mögen keine Schwätzer und keine Zeitgenossen, die Geheimnisse verraten. Wer die Natur nicht respektiert, ist bei ihnen ebenfalls nicht sonderlich beliebt. Des Weiteren mögen sie nicht, wenn man sich explizit für ein Geschenk von ihnen bedankt, aber man kann schon zeigen, dass man sich darüber freut. Sie leisten nur selten Schwüre, denn nichts verachten sie so sehr wie Lügen. Die menschliche Ambition, mit Vehemenz falsche Ziele zu verfolgen, verabscheuen sie ebenso wie Schlamperei, Untreue und Unbeständigkeit. Sie sind für ihre Liebenswürdigkeit bekannt und die Fähigkeit, ebendiese Eigenschaften auch bei uns Menschen zu erzeugen.

Die Mitglieder des Feenreichs haben das Potenzial, uns

große Geschenke zu machen. Sie werden oft »Schutzpatroninnen« genannt. In der einschlägigen Literatur findet man für sie auch häufig die Bezeichnung »göttliche Feenmütter«. Hierbei handelt es sich gewöhnlich um Geistwesen von hohem Alter und gewaltiger Macht. Die Feen und die Weißen Frauen sind die beiden Schutzpatroninnen, die am weitesten verbreitet sind. Beide schienen verschwunden zu sein, aber sie sind wieder zurückgekehrt. Sie zeigen sich Menschen gegenüber sehr hilfsbereit und großzügig. Wenn du einer Schutzpatronin begegnet bist, verändert sich der Verlauf deines Lebens auf wundervolle Weise.

Die Feen werden für die ältesten Wesen auf unserem Planeten gehalten. Sie standen Pate für das traditionelle Bild der göttlichen Feenmutter mit einem blauen Ballkleid und einem Zauberstab. Ihr Rat sollte immer buchstabengetreu befolgt werden. Wenn sie sich etwas ausleihen, geben sie es stets mit einem Segen zurück. Man findet sie überall in der Natur.

Die Weißen Frauen sind ebenfalls uralt und hoch entwickelt. Normalerweise sieht man sie nur, wenn sie ein Kind küssen und es segnen oder wenn du draußen in der Natur allein bist. Dort kann es geschehen, dass du auf eine alte Frau triffst, die in der Natur spazieren geht und dabei innehält und dich grüßt. Wenn du dich dann umdrehst, stellst du fest, dass niemand da ist. Dies ist oftmals die erste Berührung und das Öffnen der Tür für den Segen der Weißen Frau.

Die Schutzpatroninnen unter den Feen sind stets prachtvoll anzuschauen, aber ihre Zahl schwindet immer mehr. Sie haben bestimmte Anforderungen, die sie auf Günstlinge übertragen, welche sie sich auswählen. Ein solcher Günstling sollte frei und offen sein und immer großzügig im Umgang mit anderen. Sie prüfen dies oft nach. Der Günstling sollte gastfreundlich und glaubwürdig in Wort und Tat sein, immer höflich und zuvorkommend. Außerdem erwarten sie von dir, dass du geradeheraus bist und nichts zu verbergen hast.

Es gibt viele einfache Wege, um Naturgeister näher an dich heranzuziehen. Respektiere alle Aspekte von Mutter Natur. Erkenne die Elementarwesen, die mit dir zusammenarbeiten, und kooperiere mit ihnen. Geh häufig in der Natur spazieren und würdige sie. Lass einen Bereich in deinem Garten wild wachsen, damit die Feen und anderen Naturgeister dort spielen und die Arbeit tun können, die sie möchten. Fang an, etwas Kreatives oder Künstlerisches zu schaffen, denn von solchen Aktivitäten fühlen sie sich immer angezogen. Du musst kein zweiter Picasso werden, sondern nur mit Begeisterung bei der Sache sein. Sing, sooft du kannst. Sie versammeln sich wie gesagt am liebsten dort, wo Musik ist und gesungen wird, besonders wenn es einfache Lieder sind, die von Herzen kommen.

# Kapitel 8: Die Würdigung unserer geistigen Totems

Der Schamanismus wird gegenwärtig immer populärer. Schamanen und die Priester der vergangenen Zeiten waren aber schon immer die Hüter des heiligen Wissens. Sie waren an die Kräfte und den Rhythmus der Natur gebunden und in der Lage, sich auf den Fäden zu bewegen, die die sichtbaren mit den unsichtbaren Welten verbinden.

Ein Teil der schamanistischen Tradition besteht darin, uns mit den Energien der Erde und mit allem Leben auf ihr zu verbinden: »Es gab eine Zeit, da alle Menschen auf der Erde glaubten, dass die Bäume göttlichen Ursprungs sind und menschliche Gestalt oder groteske Formen annehmen und mit den Schatten tanzen können; und dass Hirsche und Raben und Füchse und Wölfe und Bären und Wolken und Tümpel, fast alle Dinge unter der Sonne und im Mondlicht, ebenfalls göttlich sind und sich ständig verändern.«[9]

Ein Totem kann jeder natürliche Gegenstand, jedes Wesen oder Tier sein, mit dessen Erscheinung und Energie du

[9] Stephen Larsen: *The Shaman's Doorway*, Harper and Row, New York 1976.

dich im Leben eng verbunden fühlst. Obwohl wir uns mehr darauf konzentrieren werden, wie Geistführer durch Tiertotems wirken, so sei doch erwähnt, dass sie auch mit den Energien von Gegenständen arbeiten. Einige dieser Gegenstände halten ihre Energien nur für eine kurze Zeit, während andere uns von der Geburt bis zum Tod und darüber hinaus begleiten.

Wir können die Metaphorik der Tiere und andere Totems dazu benutzen, um etwas über uns selbst und die unsichtbare Welt herauszufinden. Wir müssen nicht glauben, dass Tierabbildungen und Totems Wesen von hoher Intelligenz widerspiegeln, aber es gibt eine archetypische Kraft, die diesen Geschöpfen zugrunde liegt und sie durchdringt. Alle Archetypen haben ihre eigene Qualität und ihre eigenen Merkmale, die im Verhalten und in der Aktivität bestimmter Tiere zum Ausdruck kommt.

Wenn wir ein Krafttier verehren, würdigen wir die Essenz, die ihm zu eigen ist. Wir öffnen uns gegenüber dieser Essenz und stimmen uns auf sie ein. Dadurch haben wir Anteil an ihrer Energie oder Heilkraft. Das Tier ist ein Sinnbild für eine bestimmte Kraft der unsichtbaren Welt, die sich in der physischen Welt manifestiert. Indem wir uns näher mit einem Tier oder Totem befassen und uns energetisch mit ihm verbinden, können wir seine Kraft immer dann in Anspruch nehmen, wenn wir sie brauchen. Dadurch ziehen wir die Wesen aus der geistigen Welt an, die ebenfalls mit dieser Energie arbeiten.

Es gab eine Zeit, in der die Menschheit sich selbst als Teil der Natur betrachtete und die Natur ein Teil von ihr war. Träumen und Wachsein waren nicht voneinander zu unterscheiden. Das Natürliche und das Übernatürliche überschnitten sich und vermischten sich miteinander. Die Menschen benutzten die Bilder der Natur, um dieses Gefühl der Einheit und der eigenen transpersonalen Erfahrung auszudrücken. Dies ist einer der Gründe, warum die amerikanischen Ureinwohner, aber auch andere noch in größerer Nähe zu diesem ursprünglichen Zustand lebende Völker sich mit Tierfellen und Federn schmückten.

Der Einsatz von Tierdarstellungen – das Tragen von Fellen und Masken – symbolisiert die Verbindung mit bestimmten Energien: Naturtotems sind Symbole der Fruchtbarkeit und des Lebens. Jede Tierart hat ihre eigene Kraft, die uns daran erinnert, was wir in unserem eigenen Leben manifestieren können. Das Tier wird zu unserem Geistführer. Es hilft uns dabei, von der natürlichen Welt zur übernatürlichen zu gelangen. Es erweckt in uns die Wahrnehmung beider Realitäten.

Mit Tieren sind starke Symbole verknüpft. Sie repräsentieren das emotionale Leben der Menschheit und spiegeln uns Eigenschaften, die wir überwinden, kontrollieren und/oder auf neue Weise ausdrücken müssen. Tiere sind ebenso Symbole der Kraft. Diese Kraft entspringt den unsichtbaren Bereichen, und wir können lernen, sie auch im sichtbaren Bereich zu manifestieren.

Vögel sind vielfach Symbole der Seele. Ihre Fähigkeit zu fliegen spiegelt unser Potenzial wider, uns innerlich zu neuer Wahrnehmung emporzuschwingen und die physische Welt mit den Himmeln zu verbinden. Als Totem hat jede Vogelart ihre besonderen Eigenschaften, aber alle Federtiere können uns dabei helfen, uns mit Geistführern zu verbinden, die uns Hoffnung geben und neue Inspiration und Kreativität in uns anregen.

Das Leben im Wasser kann auch als Totem dienen. Wasser ist ein Symbol der astralen Ebene und des kreativen Elements im Leben. Viele Fische und andere Wasserlebewesen symbolisieren die Kräfte, die unserer intuitiven oder femininen Seite entspringen. Die Geistführer, die mit diesen Formen arbeiten, helfen uns dabei, die entsprechenden Aspekte in unserem Leben zu manifestieren.

Insekten können ebenfalls geistige Totems sein. Der renommierte Anthropologe Michael Harner warnt zwar davor, solche Totems zu benutzen, aber sie verfügen über eine starke Symbolkraft, wie zum Beispiel die Fruchtbarkeitsbienen in ägyptischen Mythen, die Gottesanbeterinnen der afrikanischen Buschmänner und die vielen Geschichten über das Spinnenweibchen, welches das Universum erschafft, deutlich machen.

Wenn du dich über Säugetiere, Vögel, Fische und Insekten informierst, kannst du viel über die Eigenschaften und Merkmale des Geistführers erfahren, der mit dir durch ein bestimmtes Tierbild arbeitet. Gleichzeitig erfährst du, wel-

**Der maskierte Zauberer**

Dies ist ein bekanntes Symbol des Schamanismus und stammt von einer prähistorischen Höhlenmalerei. Der Frühmensch, der sich von mysteriösen Kräften umgeben sah, reagierte auf sie, indem er sie imitierte. Er versuchte, das Göttliche mit dem menschlichen Willen in Einklang zu bringen. Priester benutzten Totems und Abbildungen dafür, um in direkten Kontakt mit der geheimnisvollen Welt zu kommen. Durch Verkleiden, Tanzen und dergleichen nahm der Priester oder die Priesterin die Identität der Gottheit an und verband sich mit ihrer Kraft. Die Abbildung ist das Symbol des Propheten, des Medizinmanns und die Manifestation der Naturkräfte. Bilder wie dieses rufen eine geistige Wesenheit an, die dabei hilft, das Physische zu transzendieren. Das Tragen von Tierfellen war ein Mittel, um den Geist des Tiers zu beschwichtigen und seine Kraft zu verehren.

che Eigenschaften dieser Geistführer dir zu entfalten hilft. Denk daran, dass jede Art ihre eigenen Kräfte hat. Eine Ameise wirkt nicht so großartig wie ein Bär, aber sie ist arbeitsam und fleißig und verfügt über eine Stärke, die ihre Körpergröße weit übertrifft und über die der Bär, proportional gesehen, nicht einmal annähernd verfügt.

*Wenn du mit den Tieren sprichst,*
*sprechen auch sie mit dir,*
*und ihr werdet euch gegenseitig kennen lernen.*
*Wenn du nicht mit ihnen sprichst,*
*wirst du sie nicht kennen lernen.*
*Was du nicht kennst,*
*wirst du fürchten.*
*Und was jemand fürchtet,*
*zerstört er.*

Häuptling Dan George

## Mit dem Geist deiner Totems Kontakt aufnehmen

Der Schamane versucht mithilfe des Totems, das menschliche Bewusstsein mit der Natur und der geistigen Welt zu verbinden. Das Abbild des Tiers unterstützt uns dabei, über unser normales Wachbewusstsein hinauszugehen, sodass wir uns leichter anderen Welten und Wesen öffnen können. Dieses Öffnen fängt an, indem wir erkennen, dass auf einer bestimmten Ebene jede innere Vision und Metaphorik ihren eigenen Wert hat.

Die nachfolgende Meditation soll dir dabei helfen, das richtige Totem für dich zu finden. Sie ist der Beginn eines Prozesses, in dem du dich dem geistigen Bereich der Natur öffnest und ihn mit deinem Leben in Beziehung bringst.

- Achte darauf, dass du ungestört bist. Stell das Telefon ab usw. Zünde ein Räucherstäbchen an oder verwende ein Duftöl, das dich in deiner Meditation unterstützt.
- Mach deine Entspannungsübung und praktiziere anschließend die Mystische Hochzeit (siehe Kapitel 3). Visualisiere danach einfach nur die Szenen, die weiter unten beschrieben werden. Wenn du möchtest, sprich sie auf einen Tonträger, sodass du sie später gleichzeitig hören und visualisieren kannst. Lies dir ansonsten den nachfolgenden Wortlaut ein paar Mal durch, um mit ihm vertraut zu werden:

Du entspannst dich und gehst mit deiner Wahrnehmung nach innen. Du wirst tief in dich eindringen, um das Totem zu entdecken, das in dir lebt. Dieses Totem spiegelt die geistigen Energien, die außerhalb von dir wirken und dir im Leben helfen.

Stell dir vor, du stündest mitten auf einer großen Wiese.

Es weht kein Wind, und um dich herum herrscht eine wunderbare Stille. Es ist Abenddämmerung – jene kraftvolle Zeit zwischen dem Licht des Tages und der Dunkelheit der Nacht. Die Sonne ist noch am Horizont zu sehen, obwohl sie schon untergeht, und auch den Mond kann man bereits erkennen. Es ist der Moment, da sich Tag und Nacht miteinander vermischen, wenn Licht und Dunkelheit, das Geistige und das Körperliche, sich lautlos überschneiden.

Vor dir befindet sich eine große Eiche. Ihre Rinde ist zerfurcht und knorrig, und ihre Wurzeln erstrecken sich bis ins Herz der Erde. Ihre Krone nimmt dir den Blick hoch zum Himmel, während du unter ihr stehst. Du bist nicht in der Lage, ihre höchsten Äste zu sehen.

Am Fuß des Baums befindet sich eine kleine Öffnung, gerade groß genug, dass du dich vornübergebeugt hindurchzwängen kannst. Du blickst noch einmal über die Schulter zurück auf die untergehende Sonne und betrittst das dunkle Innere des Baums.

Es riecht nach Moos und feuchtem Holz. Wenn du dich durch die enge Öffnung zwängst, bemerkst du, dass sie immer größer wird, je weiter du eindringst. Schon bald kannst du dich wieder aufrichten, und du atmest erleichtert. Du bleibst kurz stehen, hältst deinen Atem an und nimmst allen Mut zusammen, um weiter ins Innere des Baums vorzudringen.

Während du dies tust, hörst du plötzlich einen Klang. Zuerst ist er kaum wahrnehmbar. Du hältst inne, um sicherzustellen, dass er nicht von deiner eigenen Bewegung stammt. Der Klang ist ganz leise, aber je weiter du gehst und deinen Weg in der Dunkelheit des Baums erspürst, desto lauter wird er. Es ist der Klang einer fernen Trommel. Im dunklen Bauminnern klingt die Trommel hohl und ursprünglich. Einen Moment lang stellst du dir vor, dass du den Herzschlag des Baums hörst.

Der Rhythmus ist langsam und gleichmäßig. Sein hohler Klang berührt deinen inneren Kern und zieht dich immer weiter ins Dunkle, immer tiefer ins Herz des Baums. Der Rhythmus hat etwas Hypnotisches. Du weißt, dass er etwas verkündet, auf das du lange gewartet hast. Du bist dir nicht sicher, was es sein wird, aber du weißt, dass du es erkennen wirst, wenn du damit konfrontiert bist.

Du gehst weiter und erfühlst deinen Weg, denn dir ist irgendwie klar, dass es besser ist, weiterzugehen, als umzukehren. Auf einmal bemerkst du, dass es heller wird. Zuerst denkst du, es läge daran, dass sich deine Augen an die Dunkelheit gewöhnt haben. Dann siehst du vor dir eine Fackel brennen, die den Pfad erhellt, auf dem du dich befindest. Der Pfad ist schmal und fällt an den Seiten steil ab. Er ist durchzogen von den inneren Arterien und Venen des Baums. Du berührst sie, und sie fühlen sich überraschenderweise warm an. Du begreifst. Warmes Blut durchströmt alle lebenden Wesen. Diese Vorstellung beruhigt und tröstet dich.

Du näherst dich der Fackel und siehst schließlich, dass

von ihr aus ein steiler Pfad nach unten geht. Er wird in regelmäßigen Abständen von Fackeln beleuchtet. Du zögerst einen Moment und steigst dann diesen Pfad hinab. Du setzt dabei vorsichtig einen Fuß vor den anderen, denn der Pfad ist immer wieder von Moos überwuchert.

Die Helligkeit nimmt zu, je weiter du den geschwungenen Pfad ins innere Herz des Planeten entlanggehst. Es fühlt sich an, als würdest du den Wurzeln des Baums bis zum Erdkern folgen. Dir ist bewusst, dass du auf einer bestimmten Ebene zum Ursprung des Lebens und der Energie in dir selbst geführt wirst.

Der Klang der Trommel hat mittlerweile eine konstante Lautstärke angenommen. Er ist zu einem Teil von deinem Rhythmus und du bist zu einem Teil von seinem Rhythmus geworden. Während du weiter hinabsteigst, dringt ein anderer Klang in deine Aufmerksamkeit. Er lockt dich sogar noch tiefer in das Herz der Erde. Es ist der Klang fließenden Wassers, eines Flusses oder eines Wasserfalls, du bist dir nicht sicher.

In diesem Moment siehst du das Ende deines Tunnels – eine große, höhlenartige Öffnung. Sie gibt den Blick frei auf das Sonnenlicht und auf grüne Natur. Du siehst sogar einen Fluss kristallklaren Wassers, der mitten durch eine Wiese zu verlaufen scheint. Du gehst durch diese Öffnung hindurch, und das Trommeln hört auf.

Der Sonnenschein wärmt und erhellt dich. Du hast das Gefühl, als seist du aus dem Mutterschoß des Lebens getreten. Duftende, wilde Blumen von großer Farbenpracht erfreuen deine Sinne mit ihrer Schönheit. Das Gras ist smaragdgrün. Am Rand der Wiese befindet sich ein Wald in kräftigem, dunklem Grün – die Farbe des ursprünglichen Lebens ist hier am reinsten.

Du gehst auf die Wiese. Die Wärme der Sonne erfüllt dich mit einem Feuer, das dich heilt und beruhigt und die letzten Ängste verschwinden lässt. Du füllst deine Lungen mit frischer, süßer Luft. Es fühlt sich wunderbar an, einfach nur zu atmen.

Du gehst ans Flussufer und beobachtest, wie das Wasser über die Steine läuft und dabei unendlich viele Formen erzeugt. Die Sonne spiegelt sich auf der Oberfläche in allen Farben des Regenbogens. Du schaust dem Fluss nach und siehst, dass er am Horizont ins Meer fließt. Alles Wasser der Welt ist hier. Du bückst dich hinunter und schöpfst behutsam mit der Hand aus dem Fluss. Dann bringst du das kühle, wohlschmeckende Elixier an deinen Mund und löschst deinen Durst.

Nah beim Fluss liegt ein großer Stein, der die Form eines Stuhls hat. Er ist erwärmt von der Sonne, und du machst es dir auf ihm bequem. Er passt sich perfekt deiner Körperform an. Von hier aus kannst du alles genießen, was es auf der Wiese zu sehen gibt – die Grasflächen, die Wälder, das entfernte Meer und den Himmel. Ein tiefer Friede durchströmt dich. Hier magst du dich wieder mit der Kraft verbinden, mit der du dein Leben gestalten kannst.

Während du dir alles anschaust, stockt dir der Atem. Du bemerkst eine Bewegung, die von deinen Gedanken abzuhängen scheint. Sie kommt vielleicht vom Wald, vom Himmel, vom entfernten Meer oder ist eine Kombination von allem.

Du sitzt still da und beobachtest, während dein Totem immer mehr auf dich zukommt. Seine Augen suchen deinen Blickkontakt und schauen dich an. Noch nie zuvor hast du etwas derartig Wundervolles gesehen – etwas so Einzigartiges. Solche Lebensformen schienen dir immer wild und unerreichbar zu sein, aber jetzt hast du keine Angst. Du erkennst, was für ein großartiges Wunder sie sind.

Als ob es auf diesen Gedanken reagierte, gibt das Tier einen Laut von sich und macht Bewegungen, die seine einzigartige Kraft und Stärke ausdrücken. Dann verschwindet es wieder.

Du stehst auf und schaust dich um. Alles war so plötzlich und unerwartet geschehen. War es nur deine Einbildung? Dein Blick sucht alles ab, aber du kannst das Tier nirgends entdecken. Hast du irgendetwas getan oder gedacht, was es beleidigt haben könnte? Du bist verwirrt und unsicher. Es war so schön gewesen, so edel, ein so einzigartiger Ausdruck des Lebens. Dieses Wesen hat es wirklich verdient, respektiert und gewürdigt zu werden.

Und plötzlich, als sei es eine Reaktion auf deine Gedanken, erschallt eine Trompete durch die Wiese. Du drehst dich um zur Höhlenöffnung und siehst dort in der Dunkelheit dein Totem. Sein Anblick friert für kurze Zeit ein, und seine Augen begegnen erneut deinem Blick. Dann verschwindet es aus deinem Sichtfeld.

Du freust dich und lachst und rennst auf die Öffnung zu. Du verstehst. Wenn du es respektierst und würdigst, wird es für dich lebendig und dient dir als Führer zwischen den Welten. Du kannst dann seine Energien als deine Energien nutzen, aber immer nur, wenn du Respekt und Liebe zeigst.

Am Eingang der Höhle liegt ein Muschelhorn. Ein Teil von dir weiß – und hatte es lange ignoriert –, dass es ein Symbol dafür ist, neue Energien ins Leben zu rufen. Es ist ein Symbol des Mutterschoßes der Erde, und sein Trompetenklang erinnert daran, dass alles Leben aus allen Welten herbeigerufen werden kann.

Du hebst das Muschelhorn auf, es ist dein Geschenk, das dich daran erinnern soll, dass alle Welten mit dir in Berührung sind und in dir leben. Du sprichst ein stilles Dankgebet, während du zurück in die Höhle gehst und die Wiese hinter dir lässt.

Die Höhle ist nun hell erleuchtet, und der Pfad ist breit und eben. In der Ferne siehst du die vage Gestalt des neu gewonnenen Freunds, der dir deinen Weg weist. Schon bald siehst du das Licht, das dich wieder aus dem Baum selbst herausführt.

Wenn du aus dem Stamm trittst, siehst du dein Krafttier sich wieder in die Tiefe des Baums zurückziehen. Du verstehst nun, dass die Pfade in allen Lebensbereichen klarer und leichter passierbar werden, sofern du deine eigene Kraft in Anspruch nimmst und lernst, mit allen Welten zusammenzuarbeiten.

Du wiegst das Muschelhorn in deinen Armen und atmest tief ein und aus. Die Wiese und die große Eiche fangen an zu verblassen, und du bist wieder in der Gegenwart – in tiefem Frieden und innerer Ausgeglichenheit.

## Die Würdigung deiner geistigen Totems

Ein Teil der Zusammenarbeit mit unseren Totems besteht darin, dass wir ihre Existenz würdigen und anerkennen. Dies kann dadurch geschehen, dass wir Bilder von ihnen aufhängen oder zeichnen und viel über sie lesen oder sonst über sie in Erfahrung bringen. Je mehr wir sie würdigen und je mehr Bedeutung wir ihnen in unserem Leben geben, desto kraftvoller und wirksamer werden sie.

Das Totem, das du in der vorangegangenen Meditation gesehen hast, dient dir als ausgezeichnete Brücke zur geistigen Welt. Es wird deine Kraft in der Zusammenarbeit mit den nicht so leicht zugänglichen und mehr ätherischen Bereichen verstärken.

Sei nicht überrascht, wenn dir mystische Fabelwesen als Krafttiere erscheinen. Dies ist nicht ungewöhnlich. Es handelt sich dann oft um Geistführer, die uns helfen wollen, unseren normalen Bewusstseinszustand zu transzendieren.

Wenn du deine Totems näher kennen lernst, wirst du feststellen, dass sie dir in Träumen und Meditationen erscheinen. Du wirst sie in den unterschiedlichsten Situationen treffen, und sie werden dir dabei helfen, deine Erfahrungen zu bestätigen.

Du wirst auf Bilder, Postkarten und kuriose Dinge stoßen, auf denen dein Totem abgebildet ist. Oder du entdeckst immer häufiger Fernsehsendungen, in denen seine Lebensbereiche und Verhaltensweisen dargestellt werden. Du findest Bücher, Erzählungen und Beschreibungen, in denen von deinem Krafttier die Rede ist. Du musst es nun nicht gleich übertreiben, aber indem du ihre Präsenz anerkennst und ihre Anwesenheit bewusst respektierst, würdigst du die geistigen Energien, die durch dieses Totem wirksam sind:

- Bring so viel wie möglich über dein Krafttier in Erfahrung. Lies, was darüber geschrieben steht. Informier dich über seine Eigenschaften, Gewohnheiten und Verhaltensweisen. Erforsche Mythen und Märchen, in denen es vorkommt. All das wird dir helfen zu verstehen, wie du am besten die Energien des Totems in der Zusammenarbeit mit der geistigen Welt nutzen kannst.
- Halt nach Bildern und künstlerischen Darstellungen deines Krafttiers Ausschau. Mach eine Collage von ihm mit einem Bild von dir in der Mitte.

- Meditiere über das Totem. Visualisiere, dass das Tier bei dir ist und telepathisch mit dir kommuniziert. Lass es dir erzählen, wie es dir in verschiedenen Lebensbereichen helfen kann. Stell dir vor, dass es mit dir verschmilzt. Führ eine Meditation durch, in der du dich selbst als dieses Totem siehst.
- Zeichne Bilder oder Skizzen von deinem Krafttier. Künstlerisches Schaffen stimuliert die rechte Gehirnhälfte, wodurch die intuitive Wahrnehmung des gesamten geistigen Bereichs gesteigert wird.
- Kauf kleine Andenken, Bilder und Ähnliches von deinem Totem. Schenk sie Familienmitgliedern oder Freunden. Indem du sie verschenkst, würdigst du die Universalität des Geistes und seine Fähigkeit, allen Menschen zu helfen. Du musst nicht jedem erzählen, warum du dies tust, und du musst niemandem die esoterische Bedeutung des Ganzen verraten.
- Mach eine anonyme Spende für eine Tierschutzorganisation oder einen speziellen Verband, der sich für dein Krafttier einsetzt. Wenn du dich für dein Krafttier und seinen Schutz stark machst, wird der Geist des Totems sich auch für dich einsetzen und dich beschützen. Die Anonymität gewährleistet, dass es um die Würdigung geht und nicht um persönliche Anerkennung.

Prahl nicht vor anderen, was dein Totemtier alles für dich tut. Die »Ungläubigkeit« deiner Zeitgenossen, ob sie offen ausgedrückt wird oder nicht, kann dich behindern und deine Verbindung mit dem Geist dieses Krafttiers einschränken. In der Verschwiegenheit liegt die Stärke. Wenn du mit anderen über die Beziehung zu deinem Totem sprichst, kann seine Energie entweichen, bevor es die Chance erhält, seinen Zauber für dich wirksam werden zu lassen.

Es ist in Ordnung, wenn du anderen erzählst, wie sehr du solche Tiere magst und wie stark sie dich faszinieren. Fragt eine Person weiter nach, erzähl ihr einfach, dass du ihre Energie und ihre Qualitäten bewunderst. Ein Totem ist eine persönliche Sache. Verschiedene Menschen können daher zwar die gleiche Gattung von Tier als Totem haben, aber die Art und Weise, wie es für dich arbeitet, ist einzigartig und unterscheidet sich davon, was es für andere Menschen tut. Keine Verbindung ist besser oder schlechter – nur anders.

Wir müssen lernen, die Beziehungen zu unseren Krafttieren zu würdigen und sie respektvoll weiter zu vertiefen. Während du wächst und deine Verbindung zur geistigen Welt sich immer mehr entwickelt, kann sich die Art und Weise, wie ein Totem mit dir arbeitet, ebenfalls im Lauf der Zeit verändern. Sei kreativ im Umgang mit dieser einzigartigen Beziehung und find immer wieder neue Wege, sie entsprechend zu würdigen. Bedank dich bei der göttlichen Quelle, die du verehrst und anbetest, dafür, dass sie dir durch dieses geistige Totem hilft.

# Kapitel 9: Körperlose Wesen, Gespenster und Spuk

Viele Menschen kennen Geschichten wie die folgende: Das Telefon klingelt. Man geht an den Apparat und hört eine vertraute Stimme. Es ist die Stimme von jemandem, der gestorben ist … Es gibt zahlreiche solche »Geisterstorys«. Sie haben die Autoren von Romanen und Drehbüchern inspiriert. Aber was davon ist wahr?

Es ist nicht leicht, diese Erfahrungen zu erklären. Oft fehlt der letzte Beweis, oder die Geschichte ist verzerrt, weil zu viele Emotionen im Spiel sind. Natürlich lassen sich auch viele vermeintlich gespenstische Ereignisse ganz rational erklären. Aber dennoch gibt es auch Phänomene, die trotz Unerklärlichkeit faktisch sind und nicht einfach so zur Seite geschoben werden können.

Vor dem Tod haben die meisten Menschen große Angst. Das ist natürlich. Man fürchtet immer das, was man nicht versteht. Auf der Grundlage dieser Angst ist es verständlich, dass die Möglichkeit der bewussten Existenz nach dem Tod missverstanden wird. Die Menschen glauben nicht daran und machen sich vielleicht sogar darüber lustig.

So genannte Gespenster werden auf vielerlei Weise wahrgenommen. Entweder werden sie als böse und dämonisch gesehen oder als freundlich und hilfsbereit beschrieben. Man sagt, sie seien in der Unterwelt gefangen, wo die ruhelosen Toten und verlorenen Seelen verweilen. Viele halten sie für passiv und harmlos. Der Spuk in einem Wohnhaus oder an anderen Orten kann mit böser Absicht erfolgen oder weil sich Gespenster einen Spaß machen wollen. Meistens handelt es sich jedoch nur um ein harmloses Umherwandern eines Geistes, der nicht weiß, wohin er gehen und was er tun soll …

Gespenster und Geistwesen werden gedanklich oft in einen Topf geworfen und gelten generell als böse Dämonen, die es darauf abgesehen haben, den Menschen Angst einzujagen und sie zu terrorisieren. Dies ist ein gefundenes Fressen für die Unterhaltungsmedien. Natürlich hat das alles wenig mit der Wirklichkeit zu tun. Doch lassen wir uns zuerst die Terminologie klären (wobei die Übergänge fließend sind):

- *Erscheinung:* Der Begriff »Erscheinung« wird normalerweise für jedes sichtbare Wesen oder Objekt verwendet, das übernatürlichen Ursprungs ist. Im Allgemeinen bezieht er sich auf Verstorbene und beschreibt eine Wesenheit, die in ihre gewohnte Umgebung zurückkehrt, um eine bestimmte Aufgabe zu erledigen. Oft wird eine Erscheinung auch als »Gespenst« bezeichnet.
- *Gespenst:* Als »Gespenst« wird normalerweise der sicht-

bare Geist einer Person betrachtet, die gestorben ist. Wir benutzen den Begriff in diesem Buch für die Seele einer verstorbenen Person, also für einen nichtverkörperten Geist. Es gibt auch Gespenster von Tieren. Vielen Leuten ist ihr Haustier erschienen, nachdem es dahingegangen war. Dieses Tier läuft dann durch das Haus oder die Wohnung und hinterlässt warme Stellen auf dem Bett oder dem Stuhl, auf dem es geschlafen hat, und dergleichen mehr.

- *Verrücktes Gespenst:* Hierbei handelt es sich um ein Gespenst, das Menschen gern Angst macht und sie quält. Obwohl viele Geisterstorys von solchen Wesen berichten, treten verrückte Gespenster in Wirklichkeit nur selten in Erscheinung.
- *Körperloses Wesen:* Mit einem Gespenst identisch, ist es immateriell und besitzt keinen physischen Körper. Hauptsächlich zählen unlängst Verstorbene zu dieser Kategorie.
- *Poltergeist:* Wörtlich genommen, bedeutet dieser Begriff »lärmendes Gespenst«. Er wird für einen Geist benutzt, der für Unruhe sorgt und unerklärlichen Krach macht. Es gibt Meinungsverschiedenheiten darüber, ob Poltergeister tatsächlich existieren, denn zum Großteil finden Poltergeistaktivitäten in Familien statt, in denen es ein junges Mädchen gibt. Viele glauben, dass eine gewaltige psychische Energie freigesetzt wird, wenn ein solches in die Pubertät kommt; und diese Energie soll für die Pol-

tergeistphänomene verantwortlich sein. Andere sind der Ansicht, dass ebenjene Energie Poltergeister anzieht und aktiviert.

- *Geistwesen:* Ein Geistwesen kann jedes lebendige Wesen sein, das auf einer nichtkörperlichen Ebene existiert oder sich dort aus bestimmten Gründen aufhält. Zu dieser Kategorie gehören deine Geistführer, die Hierarchie der Engel, die Naturgeister und die Seelen derer, die das physische Leben hinter sich gelassen haben.

In einigen älteren Kulturen wurde versucht, ausführlich darzulegen, welchen Prozess die Seele nach ihrem Tod durchläuft. Die Aufzeichnungen enthalten vielgestaltige Rituale und ausführliche Beschreibungen vom Leben nach dem Tod. Zwei der bekannteren Werke sind das Ägyptische und das Tibetische Totenbuch.

Tatsache ist, dass Begegnungen mit Geistwesen sich nicht auf das Séancezimmer eines Mediums, auf alte Schlösser oder vergangene Zeiten beschränken. Viele Menschen haben eigene Erfahrungen mit diesem Phänomen gemacht und werden dies auch noch in Zukunft tun. Sie sehen oder hören jemanden, obwohl niemand anwesend ist. Oder sie fühlen, dass jemand neben oder hinter ihnen steht. Das Gesicht eines geliebten Verstorbenen kann sich hinter dem eigenen Antlitz im Spiegel zeigen. Ein Familienfoto wird entwickelt und zeigt im Hintergrund auch das Porträt eines verstorbenen Familienmitglieds. Die Erscheinung eines geliebten Verstorbenen offenbart sich, um jene zu trösten, die hiergeblieben sind.

Wenn du mit Geistwesen und Gespenstern zu tun hast, solltest du keine Angst haben, sondern ihnen mit Freude und Bewunderung begegnen. Ihre Anwesenheit selbst sollte dir verdeutlichen, dass es auf allen Ebenen Leben gibt und wir niemals von denen getrennt sind, die wir lieben.

Die weit verbreitete Auffassung, dass Gespenster die Geister der Toten sind, die in Erdnähe bleiben, sollte uns trösten und beruhigen. Oftmals bleiben verstorbene Familienmitglieder mit der Erde verbunden, um anderen Mitgliedern der Familie als Geistführer zu dienen. Sie werden anhand von Berührungen, Düften und tatsächlichen Erscheinungen wahrgenommen. Mein Großvater besucht mich manchmal und kündigt sich wie gesagt immer mit einem starken Tabakgeruch an. Dieser Geruch durchströmte sein Zimmer in dem Haus, das er mit uns teilte, während ich aufwuchs.

Die Wesen, die wir »Gespenster« nennen – also die geistigen Essenzen derer, die auf der Erde gelebt haben –, können uns von großem Nutzen sein. Zunächst einmal zeigen sie uns, dass der Tod nichts Endgültiges ist. Sie trösten uns, wenn wir Verlust und Trauer empfinden. Oftmals kehren sie im Laufe unseres Lebens zu unterschiedlichen Zeiten zurück, um uns in schwierigen Situationen zu helfen. Sie erscheinen uns in Träumen und Meditationen. Wir müssen vorsichtig sein und dürfen sie nicht ständig herbeirufen, denn sie haben ihr eigenes Leben in anderen Dimensionen weiterzuführen. Gleichzeitig dienen sie uns als Begleiter im Sterbeprozess und helfen uns, mit unseren Ängsten umgehen zu lernen.

Der Tod ist das große Geheimnis des Lebens. Teilweise entsteht unsere Angst dadurch, dass wir glauben, er trenne uns von den Menschen, die wir lieben. Aus diesem Grund bleiben viele Seelen erdgebunden, um die Trauernden zu trösten und diejenigen zu bestärken, die besonders durch den Tod betroffen sind. Manchmal bleiben sie zurück, um einen hinterbliebenen Partner zu bestimmten Gedanken und Handlungen zu inspirieren. Seelen bleiben aber auch deshalb manchmal mit der Erde verbunden, um ein geheimnisvolles Geschehen aufzuklären und letzte Botschaften zu überbringen.

Wer uns zu Lebzeiten geliebt hat, liebt uns auch, wenn er gestorben ist. Oft kehrt die Seele eines Verstorbenen nur kurz zurück, um uns ebendies zu bestätigen. Auch wenn er uns überrascht, will er uns niemals Angst einjagen. Solche Ereignisse sollten immer mit Freude aufgenommen werden.

Viele Beerdigungssitten haben einen verborgenen Aspekt, der mit der Vorstellung des Lebens nach dem Tod verknüpft ist. Während die Seele ihre Energie aus dem physischen Körper zurückzieht, ist sie vom »Prana« oder von der Lebenskraft abgeschnitten, die sie sonst aus dem Organismus zieht. Deshalb erhält sie ihre Energie aus anderen

Quellen. Aus diesem Grund wird der Platz, an dem der Körper aufgebahrt ist, mit Blumen geschmückt, und es werden Kerzen angezündet.

Viele Menschen gehen nicht zu Beerdigungen, weil sie – einmal abgesehen von der Trauer – unbehagliche Gefühle in ihnen auslösen. Diese Empfindungen haben verschiedene Ursachen. Wenn sich die Seele aus dem Physischen zurückzieht, zieht sich auch der Erzengel zurück, der über diese Seele wacht. Dadurch entsteht ein Gefühl der Leere.

Ein weiterer Grund für diese Gefühle liegt darin, dass keine Seele ohne Hilfe ihren Körper verlässt. Andere Verstorbene finden sich ein. Freunde, Verwandte und geliebte Partner, die sich nicht mehr im Materiellen aufhalten, kommen zusammen, um dem Dahingeschiedenen zu helfen und diejenigen zu trösten, die sich noch im Diesseits befinden.

Die Elementarwesen sind im Sterbe- und Beerdigungsprozess ebenfalls sehr aktiv. Sie verfügen über eine starke Energie, die oft spürbar wahrgenommen werden kann. Sie sind immer zur Stelle, wenn organische Materie mit Leben erfüllt oder abgebaut werden muss.

Schwarz, das als Farbe des Todes betrachtet wird, hat einen isolierenden Effekt. Es verhindert eine Übersensibilität gegenüber den subtilen Energien, die bei Beerdigungen herrschen.

Wie steht es nun um die Kommunikation mit den Verstorbenen? Manche sind der Ansicht, sie sei harmlos, während andere glauben, dass der Versuch, mit ihnen Kontakt aufzunehmen, sowohl den Lebenden als auch den Verstorbenen schade. Wie in den meisten Fällen, so trifft auch hier ein Kompromiss der beiden Meinungen die Sache am genauesten. Solange die Verstorbenen in unserer Erinnerung weiterleben, besteht eine psychische Verbindung zu ihnen. Wir beeinflussen dadurch sie, und sie beeinflussen uns. Vermeiden sollte man es allerdings, sie immer wieder mithilfe eines Mediums herbeizurufen, denn sie können dann nicht das tun, was sie in den jenseitigen Bereichen tun müssen, wenn sie stetig durch uns abgelenkt werden.

Es gibt viele unwiderlegbare Beweise dafür, dass unser Geist und unsere Persönlichkeit nach dem Tod weiterleben. Gespenster wirken vornehmlich in alten Villen, aber sie sind auch in modernen Häusern zu finden – unabhängig von Stil und Baujahr.

In manchen Gebäuden hört man ihre Schritte, Türen öffnen sich, und Möbel werden auf scheinbar unerklärliche Weise umgestellt. Die Gespenster erscheinen entweder mit erkennbarem Äußeren oder einfach nur als dunkle Gestalt. Manchmal kann man Stimmen hören, die seufzen oder Flüche aussprechen. Bestimmte Düfte liegen in der Luft, und Gegenstände werden bewegt. Das Gespenst kann als Individuum auftreten oder als eine ganze Gruppe. Und trotz aller wissenschaftlichen Untersuchungen konnte ihre Nichtexistenz bislang nicht nachgewiesen werden!

Die Menschen akzeptieren, scheinbar ohne nachzufragen, das, was Wissenschaftler über die Materie herausfinden. Kein Normalsterblicher hat jemals ein Elektron oder ein Tachyon gesehen, und dennoch deutet alles auf die Existenz dieser Teilchen hin. Genauso deutet auch alles auf die Existenz einer geistigen Welt hin. Es ist keine Dimension, die die physische heimsucht, sondern eine, die sie mit Lebendigkeit durchdringt.

Wenn diese Dinge stimmen und wir gezwungen sind, an sie zu glauben, einfach weil es sie gibt und sie nicht zu leugnen sind, dann verändert das unsere Vorstellung von der wahren Natur der Menschheit und unserem Schicksal. Doch wir werden es nie herausfinden, wenn wir die Türen nicht öffnen und jene Bereiche erkunden.

# Kapitel 10: Wichtige Vorsichtsmaßnahmen

Wer mit dem geistigen Bereich arbeitet, hat eine große Verantwortung. Du kannst die Tür zu diesen Existenzebenen öffnen, aber es ist nicht immer so leicht, sie auch wieder zu schließen, besonders, wenn du sie nicht in der korrekten Weise geöffnet hast. Wie gesagt erfordern hellsichtige und übersinnliche Fähigkeiten nicht notgedrungen auch einen hohen moralischen Charakter. Es gibt genügend ignorante Medien und Hellseher. Deshalb ist es besser, dass du deine Fähigkeiten in dieser Hinsicht selbst entwickelst oder zumindest versuchst, »mit den Engeln zu sprechen«. Ein Medium oder ein Hellseher kann dich mit deinen Geistführern bekannt machen, aber du solltest nicht von seiner Vermittlung abhängig sein.

Verlass dich auf deine Unterscheidungsfähigkeit. Es gibt immer Möglichkeiten, wie du herausfinden kannst, ob etwas real ist oder ob du es dir nur einbildest. Ist es wirklich, so kann die Information auf einer bestimmten Ebene überprüft werden. Die Bestätigung wird dann durch andere Quellen erfolgen oder durch Ereignisse, die sich so zutragen, wie es vom Geistwesen vorausgesagt wurde. Die Kommunikation mit negativen Wesen ist niemals glatt und reibungslos. Im Gegenteil, die Erfahrung wird unbefriedigend und unangenehm sein. Sie wird ein gehöriges Maß an Stress erzeugen.

Negative Wesen suchen uns gern in Zeiten auf, in denen wir innerlich zerrissen sind, sodass du dir deinen »überirdischen Kontakt« genau anschauen solltest, wenn du in einer Krisensituation bist.

Schließ dich einer Gruppe an, um mit anderen Menschen zusammen zu meditieren und deine Fähigkeiten zu entwickeln. Wenn du dich nach mehreren Treffen dort nicht wohl fühlst, solltest du weitersuchen, bis du auf eine stößt, in der du Stimmigkeit empfindest. Es gibt viele wunderbare Leute, die sich zusammenschließen. Leider existieren auch ein paar übel gesinnte Vereinigungen, die sogar fast den Status eines Kults angenommen haben. Du wirst wahrscheinlich niemals etwas mit ihnen zu tun haben, aber sei dir bewusst, dass es sie gibt.

Sie haben bestimmte gemeinsame Merkmale und Strategien. Sie wissen, dass sie dich dazu bringen können, deine Überzeugungen zu verändern, wenn es ihnen gelingt, gewisse Verhaltensweisen zu etablieren. Sei gewarnt vor einer Gruppe oder Person,

- die spontane Veränderungen in deiner Umgebung vornehmen will (das würde zur Manipulation deiner grundlegenden Überzeugungen führen),

- die von dir zu schnelle Entscheidungen verlangt, ohne dir genügend Zeit zum Nachdenken zu geben,
- die von dir absoluten Gehorsam fordert oder
- die eigene Göttlichkeit beansprucht bzw. für sich reklamiert, im Alleinbesitz eines universellen Wissens zu sein.

Wenn eine derartige Vereinigung versucht, dich von Freunden zu trennen und dich deiner Familie zu entfremden, ist etwas grundsätzlich falsch. Achte auf Sitzungen, die dich erschöpfen und auslaugen. Wenn dir nicht genügend Privatsphäre bleibt, sollten deine Alarmglocken schrillen.

Stell immerzu Fragen, egal, wie »dumm« und »einfältig« sie dir auch scheinen mögen. Ich weiß, es ist eine Phrase, aber so etwas wie eine dumme Frage gibt es auch oder gerade in diesem Bereich nicht. Konzentrier dich auf deine eigene Entwicklung und leg keine persönlichen Bekenntnisse ab. Bewahre immer den Kontakt zur Außenwelt und arbeite in der normalen Welt. Vergiss nicht, dass du stets das Recht hast, *»Nein!«* zu sagen, wenn du dich bei irgendetwas unbehaglich fühlst.

Das Öffnen zum geistigen Bereich ist nichts, mit dem man spaßen sollte! Es ist kein Gesellschaftsspiel. Du kannst den Entwicklungsprozess genießen, aber du musst auch lernen, ihn zu respektieren. Wende in den ersten Monaten, wann immer sich die Gelegenheit dazu ergibt, die Übungen an, die ich dir gezeigt habe. Meditiere einfach nur, um innere Ausgewogenheit zu erhalten und Stress abzubauen.

Mach häufig die Mittlere Säule (siehe Kapitel 3), um ein Gleichgewicht herzustellen und Energie zu tanken. Wenn du den Kontakt mit dem geistigen Bereich hergestellt hast, wende dich nicht zu oft und nicht vor jeder Entscheidung an deine Geistführer. Maßhalten ist auch in dieser Hinsicht wichtig.

Viele Menschen arbeiten an der Entwicklung ihrer Sensibilität, sodass sie Readings machen, also Botschaften aus der jenseitigen Welt an andere weitergeben können. Daran ist an sich nichts falsch, aber es ist mit einer großen Verantwortung verbunden. Hier sind ein paar wichtige Punkte, die man bedenken sollte:

- Lass dich auf jeden Fall in einigen Lektionen psychologischer Beratung unterweisen. Du empfängst die Eindrücke und Botschaften aus dem geistigen Bereich vielleicht intuitiv, aber du musst wissen, wie du sie dem Einzelnen vermittelst, sodass er auch etwas mit deiner Information anfangen kann. Mindestens 85 Prozent der Menschen, die dich aufsuchen, kommen zu dir, weil sie wirkliche Probleme haben, und nicht einfach nur deshalb, weil sie an übersinnlichen Informationen interessiert sind. Die pragmatische Beratung und die Arbeit als Medium sollten immer Hand in Hand gehen.
- Arbeite nicht zu oft mit dem geistigen Bereich. Du wirst sonst schnell abhängig vom Kontakt mit deinen Geistführern. Sie können dir dabei helfen, aber du musst dein

Leben selbst führen. Sei aktiv im Alltag und kreativ in der Kommunikation mit den jenseitigen Wesenheiten.

- Biete deine Dienste anderen Menschen nicht zu häufig an, denn dadurch werden sie von dir abhängig, anstatt ihr Leben selbst zu leben. Ich mache mit jemandem grundsätzlich nur einmal im Jahr ein Reading oder eine Beratung. Für die meisten Menschen verändert sich in dieser Zeit nicht genug, als dass zusätzliche Sitzungen gerechtfertigt wären. Ich biete ihnen an, dass sie mich anrufen können, wenn spezielle Fragen oder Problemstellungen auftauchen; aber sonst gibt es keine Notwendigkeit für eine vollständige Beratung.
- Benutze deinen Kontakt zur geistigen Welt nicht als »Krücke« und werd nicht abergläubisch. Lass es auch nicht zu, dass diejenigen es tun, die du berätst.
- Triff keine Entscheidungen für andere und sag ihnen nicht, was sie tun müssen. Interpretiere und vermittle, aber gib keine Handlungsanweisungen! Was du sagst, kann eine größere Bedeutung bekommen, wenn während der Beratung oder während des Readings eine Verbindung zur geistigen Welt besteht. Halt genügend Abstand und vermeide, wenn es geht, persönliche Kommentare, Vorlieben oder Abneigungen.
- Bewahre *immer* absolute Verschwiegenheit! Niemand außer dir und deinem Klienten hat das Recht, davon zu erfahren, was in einer Sitzung geschieht. Wenn dein Klient anderen Menschen davon erzählt, dann kann er dies tun,

aber du hast nicht das Recht dazu. Es ist eine Sache des Vertrauens.

- Teile deinem Klienten mit, dass es einen freien Willen gibt. Du magst mithilfe deiner Geistführer in der Lage sein, bestimmte Muster oder Energieflüsse aufzuzeigen und Ereignisse zu sehen, die auf deinen Klienten zukommen werden, aber das alles ist nicht in Stein gemeißelt.
- Verwende die traditionelle »Sandwichmethode« und fang mit dem Positiven an: Wenn es einen problembeladenen oder negativen Bereich gibt, so behandle ihn in der Mitte. Zeig dabei immer Optionen und mögliche Lösungen auf, sodass du stets die Hoffnung bestärkst. Zum Schluss sollten *immer* die positiven Aspekte betont werden.

## Falsches Channeling erkennen

Bei jedem Kontakt mit der geistigen Welt sollte man sich einige wichtige Fragen stellen, besonders wenn die Kommunikation durch ein Medium in Trance oder durch Channeling erfolgt. Es kann sein, dass sich nur das Ego des betreffenden Vermittlers manifestiert und nicht ein tatsächliches Geistwesen. Entscheidend ist daher nicht, mit *wem* der Kontakt besteht, sondern, *welche* Information gegeben wird. Wenn eine Persönlichkeit aus einem früheren Leben der

Person durchkommt, kann eine Zersplitterung der gegenwärtigen Persönlichkeit vorliegen. Sollte dies der Fall sein, kann es zu einer weiteren Aufsplitterung des Mediums führen.

Viele Geistwesen geben sich auch exotische Namen, weil sie wissen, dass zahlreiche Menschen begeistert einem Guru folgen.

Wir sollten uns selbst ein paar entscheidende Fragen stellen, um auf der sicheren Seite zu sein, denn wir dürfen nie vergessen, dass wir es mit einem Bereich zu tun haben, der in aller Regel neu und noch unstrukturiert für uns ist:

- Haben wir das Recht, anderen Wesenheiten einen Körper zur Kommunikation zur Verfügung zu stellen, den wir angenommen haben, damit *wir* wachsen und uns entwickeln? Wenn es sich um einen Meister oder bedeutenden spirituellen Lehrer handelt – brauchen sie den Körper eines Menschen, um sich mitzuteilen? Denk daran, dass viele Meister ihren Schülern nach dem Tod direkt erschienen sind. Sie wurden von niemandem gechannelt. Wenn sie damals direkten Kontakt aufnehmen konnten, können sie es auch heute.
- Verstehst du die Mitteilungen nicht, akzeptierst sie aber blind, weil sie so gelehrt klingen? Wenn dies der Fall ist, stimmt irgendetwas nicht.
- Wird von dir erwartet, dass du die Informationen nur deshalb akzeptierst, weil die Wesenheit ein hoch stehen-

der Lehrer sein soll, obwohl dies nicht nachgeprüft werden kann? Es ist nicht ungewöhnlich, dass exotische Namen benutzt und ferne Zeiten genannt werden, die sich nicht überprüfen lassen.

- Bezieht sich das Wesen auch auf andere Lehren oder erwähnt es auch andere Quellen? Oder werden Sachverhalte mitgeteilt, die nicht verifiziert werden können? Ein wahrer Lehrer oder Meister erwartet von dir, dass du die geistigen Informationen überprüfst.
- Werden vage und uralte Prophezeiungen übermittelt, die bei dir unangenehme Gefühle hervorrufen? Hierbei kann es sich um eine Form von Manipulation handeln.
- Widersprechen bestimmte Inhalte den Informationen, die dir zuvor durch dieses Medium oder diesen Channel gegeben wurden? Stimmen sie mit den Lehren anderer anerkannter Lehrer und Meister überein?
- Wird die Botschaft in einer guten Weise überbracht oder appelliert sie mehr an deine Emotionen? Schmeichelt sie dir eventuell sogar?
- Lebt das Medium oder der Channel auch selbst nach den Standards, die dir in den Channelings präsentiert werden?

Wenn etwas mit dem Channeling nicht stimmt, kannst du das an bestimmten Auswirkungen erkennen. Sie zeigen sich normalerweise spätestens in einem Zeitraum von drei bis sieben Jahren. Während dieser Zeit werden sich eine Reihe

Gesundheitsprobleme, besonders im Bereich der Nerven, einstellen. Hypersensibilität, eine Zunahme persönlicher Probleme und andere Unausgewogenheiten werden in Erscheinung treten. (Viele erklären und entschuldigen dies damit, dass es Teil ihres Initiationsprozesses sei, aber wirkliche Initiation bedeutet, dass dein neues Wachstum in ausgeglichener Weise erfolgt.)

Es wird immer schwerer für die betreffende Person, Ungleichgewichte zu verbergen. Ihre Aufmerksamkeit und Sorge werden sich zunehmend auf materielle Dinge und auf persönlichen Vorteil richten. Sie wird eine kritische Grundhaltung entwickeln und anfangen, andere spirituelle Lehrer schlecht zu machen und deren Lehren infrage zu stellen. Eine Grundeinstellung wie »Ich habe meine eigenen geistigen Quellen, und andere sind nicht in der Lage, auf den gleichen Ebenen wie ich zu arbeiten« wird immer deutlicher zum Vorschein kommen.

Es ist daher von großer Wichtigkeit, Unterscheidungsfähigkeit walten zu lassen und neutrale Überprüfungen anzustellen. Um dazu in der Lage zu sein, bedarf es einer fundierten Ausbildung in dem ganzen Prozess des spirituellen Denkens und Handelns. Und dies erfordert viel Zeit und Energieeinsatz.

## Wahre Seeleneindrücke und wirkliche Intuition erkennen

Ein wirklicher Kontakt zur geistigen Welt und wahre Intuition der Seele werden für andere immer inspirierend sein und ihnen in ihrer Entwicklung helfen. Sie energetisieren den Einzelnen und regen seine Kreativität, seine Lebendigkeit und seinen Sinn für Freude an. Diejenigen, die sich diesem Prozess in der richtigen Weise geöffnet haben, sind an bestimmten Eigenschaften und Merkmalen zu erkennen:

- Die betreffende Person entwickelt eine stetig stärker werdende Anziehungskraft und zieht immer mehr Menschen in ihren Bereich. Ihre Entwicklung geht ständig voran, und es ergeben sich permanent neue Möglichkeiten, anderen Menschen zu dienen.
- Du verstehst alles, was du empfängst, und kannst es mit deiner eigenen Wissensgrundlage verknüpfen.
- Es gibt immer neue Informationen, neue Sicht- und Herangehensweisen, eine größere Tiefe, eine umfassendere Synthese usw.
- Das Medium oder der Channel zeigt Bescheidenheit, Ernsthaftigkeit und Einfachheit. Die betreffende Person lebt auf der Grundlage höchster Maßstäbe. Sie muss nicht vollkommen sein, aber man sollte spüren, dass Vollkommenheit ihr Ziel ist. Sie spielt sich nicht selbst in den Vordergrund und fordert nichts von anderen.

- Der Kontakt mit einer solchen Person fördert in dir positive mentale und intuitive Prozesse. Sie wirkt wie ein Kraftwerk voller Energie und ermutigt, heilt und beschützt andere.
- Wer wirklich über spirituellen Kontakt und wahre Intuition der Seele verfügt, hat sein Leben auf positive Weise im Griff. Ein solcher Mensch hat seinen Verstand, sein Herz und seine Intuition entwickelt. Er ist in vielen Bereichen kreativ und dient anderen Menschen schon viele Jahre.
- Das Gesetz der Privatsphäre wird immer mehr konkret umgesetzt. Das Medium schwingt sich auf dich ein und nimmt Eindrücke von dir auf, aber es behält sie für sich, weil es das höhere Gesetz anerkennt. Es weiß um seine Macht, andere zu beeinflussen, und achtet daher sorgfältig darauf, was es anderen mitteilt. Es sieht bestimmte Dinge, sagt dir aber nicht, was es sieht. Es offenbart dir gewisse Einzelheiten nicht, aber seine Energie fördert deine eigene Intuition, sodass du selbst mehr siehst und verstehst.
- Eine Person mit gutem spirituellem Kontakt und entwickelten Seelenfähigkeiten nimmt nicht nur gewisse Dinge an dir und in deinem Leben wahr, sie sieht auch, wie du wahrscheinlich auf diese Informationen reagieren wirst. Also vermittelt sie dir das, was sie sieht, in einer Weise, dass du am meisten damit anfangen kannst.

Ein Kontakt mit der geistigen Welt ist immer unvergesslich. Er stärkt den Willen und erhellt den Verstand. Er gibt dem Leben eine größere Bedeutung und führt zu einem größeren Verantwortungsgefühl. Darüber hinaus macht er uns klar, dass »der Finger, der auf den Mond zeigt, nicht der Mond selbst ist« …!

Der Sinn des Kontakts mit der geistigen Welt besteht nicht darin, hellseherische Kräfte zu entwickeln und sie öffentlich zu demonstrieren, sondern über die physischen Begrenzungen des Lebens hinauszuschauen und zu erkennen, welche kreativen Möglichkeiten es im Umgang mit ihnen gibt, und sie dadurch zu transzendieren. Der wahre Zweck spirituellen Kontakts ist, uns dabei zu helfen, dem Dasein mit Ehrfurcht zu begegnen und die Schönheit und die Kraft wiederzuentdecken, die unser Leben ausmachen.

# Literatur


Bradley, Marion Zimmer: *Die Nebel von Avalon,* Fischer, Frankfurt 2000

Ford, Arthur: *Es gibt ein Leben nach dem Tod,* Droemer Knaur, München 2005

Garfield, Leah Maggie: *Geisthelfer,* Goldmann, München 1989

Haining, Peter: *Das große Gespensterlexikon,* Gondrom, Bindlach 1996

Hawken, Paul: *Der Zauber von Findhorn,* Hugendubel, München 1984

Hodson Geoffrey: *Engel und die Entwicklung des Lebens,* Aquamarin, Grafing 2004

Holzer, Hans: *Hinter der Grenze des Todes – Die Gesetze des Jenseits,* Goldmann, München 1984

Kardec, Allan: *Das Buch der Geister,* Schirner, Darmstadt 2004

Klimo, Jom: *Channeling. Der Empfang von Informationen aus paranormalen Quellen,* Bauer, Freiburg 1988

Leadbeater, Charles W.: *Das Leben in der geistigen Welt,* Aquamarin, Grafing 2000

–, *Der sichtbare und der unsichtbare Mensch,* Aquamarin, Grafing 2004
–, *Die Chakras,* Aquamarin, Grafing 2004
Maclean, Dorothy: *Du kannst mit Engeln sprechen,* Aquamarin, Grafing 2005
Newhouse, Flower A.: *Engel und Devas,* Aquamarin, Grafing 2002
–, *Im Reich der Erzengel,* Aquamarin, Grafing 2005
–, *Die Engel der Natur,* Aquamarin, Grafing 1996
–, *Die 7 Körper des Menschen,* Aquamarin, Grafing 2000
Roman, Sanaya: *Das Praxisbuch des Channelns,* Ludwig, München 1998
–, *Sich den höheren Energien öffnen,* Ludwig, München 1988
Van Gelder, Dora: *Im Reich der Naturgeister,* Droemer Knaur, München 2001

# Die Botschaft der Krafttiere

ISBN 978-3-442-33775-0

80 prachtvolle Tierkarten und das Begleitbuch erlauben mit Hilfe schamanischer Weisheit den Blick auf verborgene Realitäten. Vergleichbar dem Tarot werden verschiedene Legesysteme beschrieben, die Hilfe bieten bei der Analyse von Situationen, bei schwierigen Entscheidungen und bei der Selbsterkenntnis.

GOLDMANN
ARKANA